十字架のキリスト以外に福音はない

ガラテヤの信徒への手紙による説教

近藤勝彦

教文館

はじめに

本書はガラテヤの信徒への手紙の連続説教です。ガラテヤの信徒への手紙は、キリストの使徒、異邦人のための伝道者パウロが記した福音のための戦いの手紙です。パウロ自身が最も重大なこととして伝えた福音が歪められる危機にさらされました。キリストの福音だけでは不十分として、それに律法や割礼を加える伝道者たちが出現し、その指導に惑わされる人々もガラテヤ地方の諸教会の中に現れてきました。キリスト教会の歴史にはしばしば伝道者たちの誤りから生じる混乱がありました。しかしまことの福音に対し、もう一つ別の福音があるわけではありません。パウロはひたすらキリストの福音を明確にし、さらに徹底して語る必要に直面しました。こうして「福音とは何か」をめぐる初代教会における最も重大な戦いが生じ、その中でキリスト教信仰の核心が語り出されたわけです。

この手紙にはパウロ自身の回心も語られています。しかしパウロの誇りは自分自身の回心の経験そのものにはありませんでした。「このわたしには、わたしたちの主イエス・キリストの十字架のほかに、誇るものが決してあってはなりません」(ガラ六・一四)。そう記されているのもこの手紙です。回心したパウロは「回心の経験」に拠り所を見出す「回心主義者」にはなりませんでした。彼はただもっぱら「十字にかけられたままのキリスト」御自身が福音であると伝える福音伝道者になったのです。

ガラテヤの信徒への手紙はまた、宗教改革者マルティン・ルターが「神の義」を発見したときの重大文書の一つでした。『ガラテヤ大講解』の中にその事実が示されています。代々のキリスト者は、救いを求め、信仰を求めて、それぞれの時代にあって教会が直面する課題の中で、この手紙からキリストの福音を聞き続けてきました。ですから教会史のなかには、多くの先達によってすでにこの手紙による説教が豊富に蓄積されています。その隊列に伍すことを敢えてすることは、僭越なこととも思えます。しかし説教に完成はありません。常に新しく説教することこそ、説教者に課せられた使命と言わなければならないでしょう。

本書が信仰を求める方々にとって信仰とは何かを示し、すでに信仰を与えられて教会生活を過ごしている方々にとっても福音の理解のうえで参考になり、さらには説教に奉仕している牧師・伝道者たちに対しても、激励の意味で役立つところがあれば、幸いと思っております。

目次

装丁＝熊谷博人
装画＝小菅昌子

キリスト以外に福音はない

一章一―一〇節

人々からでもなく、人を通してでもなく、イエス・キリストと、キリストを死者の中から復活させた父である神とによって使徒とされたパウロ、ならびに、わたしと一緒にいる兄弟一同から、ガラテヤ地方の諸教会へ。わたしたちの父である神と、主イエス・キリストの恵みと平和が、あなたがたにあるように。キリストは、わたしたちの神であり父である方の御心に従い、この悪の世からわたしたちを救い出そうとして、御自身をわたしたちの罪のために献げてくださったのです。わたしたちの神であり父である方に世々限りなく栄光がありますように、アーメン。

キリストの恵みへ招いてくださった方から、あなたがたがこんなにも早く離れて、ほかの福音に乗り換えようとしていることに、わたしはあきれ果てています。ほかの福音といっても、もう一つ別の福音があるわけではなく、ある人々があなたがたを惑わし、キリストの福音を覆そうとしているにすぎないのです。しかし、たとえわたしたち自身であれ、天使であれ、わたしたちがあなたがたに告げ知らせたものに反する福音を告げ知らせようとするならば、呪われるがよい。わたしたちが前にも言っておいたように、今また、わたしは繰り返して言います。あなたがたが受けたものに反する福音を告げ知らせる者がいれば、呪われるがよい。

こんなことを言って、今わたしは人に取り入ろうとしているのでしょうか。それとも、神に取り入ろうとしているのでしょうか。あるいは、何とかして人の気に入ろうとあくせくしているのでしょうか。もし、今なお人の気に入ろうとしているなら、わたしはキリストの僕ではありません。

聖書はどの箇所も具体的な相手に向かって語りかけています。今朝の聖書の箇所は、ガラテヤ地方（今日のトルコの一地域）の諸教会の信徒たちに向けて語られたものです。けれども同時に聖書は、時代を越えて、現代の教会に、また私たち誰に対しても語りかけています。そこに聖書の聖書たるゆえんがあると言ってよいでしょう。

パウロがガラテヤ地方に伝道したのは、彼の二度目の伝道旅行のときでした。この手紙は、それからさほど時間が経っていない三度目の伝道旅行の旅先で記されたと思われます。手紙は通常、はじめに挨拶の言葉が記され、それに続いて本文が記されますが、その本文がこの手紙ではいきなり「あなたがたにはあきれ果てています」(六節)と記されています。他の手紙には見られない書き方で、ガラテヤの諸教会に何か異常なことが起きていると感じ取れます。手紙全体から分かることですが、信仰の根本に関わる事件が起きていたのです。

パウロが伝道した後、ガラテヤの諸教会の中に一群の人々がエルサレムからやってきました。その人たちは福音を信じるためには、同時に「律法」を尊重し、「割礼」を受ける必要があると主張したようです。彼らは「ユダヤ人キリスト者」と言われる人たちで、なかでもとりわけユダヤ教的色彩を強く持った伝道者たちでした。「割礼」を受けてユダヤ教に改宗してから、その上でキリストの福音を信じるようにと勧めたと思われます。ガラテヤの信徒たちの中に彼らの指導に従う人々が現れはじめました。パウロはそれに対して「あきれ果てている」と書きました。「不思議でならない」、「驚いている」とも訳すことのできる言葉です。「あなたがたがキリストの恵みに招いてくださった方からこんなにも早く離れて、ほかの福音に乗り換えようとしている」のに「驚いている」と言うのです。

パウロは続けて記しています。「ほかの福音といっても、もう一つ別の福音があるわけではなく、ある人々があなたがたを惑わし、キリストの福音を覆そうとしているにすぎない」(七節）。「覆す」は、ひっくり返して逆のものにすることです。ですからキリストの福音と反対のことを伝えているとも訳せます。

しかし、ガラテヤの信徒たちには「ほかの福音に乗り換え」ようとする気持はまったくなかったと思われます。そこにこの問題の深刻さがありました。「ある人々があなたがたを惑わし」とパウロは記しますが、その人たち、つまり律法を重視し、割礼を勧めたユダヤ主義的な伝道者たちも、やはりキリスト教伝道者だったのです。彼らにも「キリストの福音」から乗り換えて別の福音を伝える気持はありませんでした。彼らは、キリストの福音を信じ、それを伝えながら、ただそれと併行して、あるいはそのために役立つと考えて、律法と割礼を勧めたと思われます。

しかしそれは、パウロにとっては重大な誤りで、驚き、あきれる乗り換えを意味し、キリストの福音と反対のことを勧めることでした。「呪われるがよい」（アナテマ）という激しい言葉が繰り返し記されます（八、九節）。「アナテマ」は安易に語れる言葉ではありません。最後の審判に関わる言葉と言われます。最後の審判の中で呪われれば、永遠の滅びになるほかありません。それを告げるめったに語れない言葉です。この言葉を語る中で、キリストの福音に何も加えず、そこから何も引かず、ただキリスト御自身の福音のみを最終的で究極的なものと信じて伝えるパウロの激しい気迫が示されています。ただひたすらキリストのみが神の審判に耐え得る唯一決定的な福音であり、救いの根拠であると彼は語っているのです。

律法や割礼を伝えたのは誰であるかをパウロは問題にしていません。「キリストの福音」に何かを並べ、あるいは順序として「キリストの福音」の前に「律法と割礼」を付け加えて説き勧める。それをするのが自分であったとしても、それがたとえ天使であっても、「呪われるがよい」と語りました。「キリストの福音」に何かを加え、何かを並べることは、ほかの福音に乗り換えることであり、実際にはほかの福音などないのですから、ただただキリストの福音を歪め、福音のない生活に陥るだけです。

福音とは「よき知らせ」のことであり、「神の救いの知らせ」です。その「よき知らせ」は「キリストの福音」だけです。「キリストの福音」は、キリストがもたらした福音、キリストによる福音ですが、さらに言えば「キリストという福音」です。キリスト御自身が福音なのです。ですから、キリストだけではもの足りないとして、何かを付け加えるとしたら、キリストが福音であることを否定して、それとは別なありもしない福音を伝えることになるほかありません。

キリストの福音をとくに覆そうとするつもりはなく、それと別の福音を信じようとも思っていない、しかしそこに何かを加えるということは、実は私たち自身にもあるのではないでしょうか。何かを加えるということは、ここでは人間自身の行為や努力、それに関係したものを加えることです。私たちは自分がしてきたことや自分にできることに、何か意味を与え、それを支えにしたいものです。それによってどこか安心したい、納得したいという気持を持っているのではないでしょうか。それは自分がしてきた仕事であったり、業績を挙げたことであったり、自分が出した結果、積み重ねてきた人生、努力の成果などです。しかしそうしたものを頼りにしなければならないでしょうか。それほどキリストのみを頼りとするのでは足りないのでしょうか。キリストのみに満ち足り、キリストのみを誇りとするのでは不十分でしょうか。

内村鑑三という、ある面で優れた明治、大正の日本のキリスト教のリーダーがおりました。無教会キリスト教を始めた人で、優れた弟子たちにも恵まれ、戦前・戦後の日本に大きな影響を与えました。教会のキリスト者の中にも影響を受けた人々がおりました。しかし彼が「日本的基督教」ということを言ったことがありました。福音を変えようとしたのではありません。彼はキリストの福音のみを「純粋福音」として伝えようと生涯をかけた人です。しかしその彼が、鎌倉仏教の開祖たちの中に「日本人の宗教心」を認めて、「日本人の宗教心」は世界の中でもきわめて優れたものであると言い、これをもって「純粋福音」を信じるという生き方を語りました。日本のなかにある何かよきものに注目したかったのでしょうか。しかしキリストの福音に対して何かを、律法や割礼や、あるいは日本人の宗教心を加えなければならないでしょうか。自分の努力や民族の美点、あるいは時代や社会の善きものなどを福音と並べて、それに加えるべきでしょうか。

私たち自身にもこの問題はあると言いました。行ってきたこと、いま行っていることに生き甲斐を見出し、自分の人生の中でやってきたことを意味あることとしてその数を数えようとすることが私たちにもあるでしょう。しかしそのとき、はっきりさせておかなくてはなりません。私たちはそれらのことによって救われたのでも、これから救われるのでもありません。本当の意味で頼れること、最後の審判にあって頼れる救いは、主イエス・キリストの救いのみです。それでパウロは、冒頭の挨拶の言葉の中にすでに意図してこう記しました。「キリストは、わたしたちの神であり父である方の御心に従い、この悪の世からわたしたちを救い出そうとして、御自身をわたしたちの罪のために献げてくださったのです」(四節)。挨拶の中にすでに本文をしっかりと書き入れたのです。キリストによる救いがある。キリストは御自分を私たちの罪のために献げてくださった。父なる神の御心に従って、私たちを救い出すためであった。ですから頼りとし、誇りとするものは、ひたすらキリストの十字架です。他のことはすべて神の裁きの前に持ち出すことのできるものではありません。

神の裁きの座の前で一体誰が、私は日本人ですと言うでしょうか。一体誰が、私は人生をこう生きてきた、これだけのことをしてきたと言うでしょうか。そうでなく、私たちは「何も持たない者」として神の前に立つ以外にないものです。宗教改革者ルターの表現で言いますと、私たちは神の前で「何も持たない物乞い」です。ただキリストの福音だけに頼り、キリストのみに満ち足りる者、キリストをただ身にまとう者、それ以外に何一つ持たない者です。

それにしても私たちは一方で、健康であることを願っています。自分の務めや仕事が順調に運ぶことも願い、何か意味あることができるようにと祈ります。そのためにまた努力もします。そうしたことにどういう意味があるのでしょうか。それらは、キリストという福音に何かを付け加えるためのものではありません。キリストだけに満ち足りることができないからそうした努力をするのではありません。それらはみな、ただキリストの福音に感謝し、神に献げるための「供えもの」です。心の底でこのことはいつもはっきりとさせておかなければならないでしょう。そうでなければ私たち自身、それと意志しないうちに、「キリストの福音」を覆し、ありもしない別の福音に堕ちることになります。パウロの激しい「呪われるがよい」を身に招きます。

そうならないことは、キリストがいてくださることに満ち足りることです。キリストが御自分をわたしたちの罪のために献げてくださった、そのことだけによって私たちは救われています。そのことだけに満足し、安心することができます。そのことだけに誇りをもつことができます。救いのことで、キリストのほか何一つ要りません。キリストと並べる仕方で何一つ持ちません。ただキリストだけを持っています。否、キリストに持たれ、捉えられています。このことのみで神の恵みは満ち溢れ、私たちは満ち足り、信仰の喜びは溢れています。ほかに私たちが求める物があるとすれば、健康も仕事も、富も業績も、家族のことも友人のことも、日本のことも世界のことも、すべては神の恵みに応える捧げもの、神の栄えのためにささげる感謝の供えものです。それ以外では断じてあり得ない。この信仰の信念に立って、私たちの信仰の人生を歩んでいきたいと思います。

伝道者にされた迫害者

一章一一―二四節

兄弟たち、あなたがたにはっきり言います。わたしが告げ知らせた福音は、人によるものではありません。わたしはこの福音を人から受けたのでも教えられたのでもなく、イエス・キリストの啓示によって知らされたのです。

あなたがたは、わたしがかつてユダヤ教徒としてどのようにふるまっていたかを聞いています。わたしは、徹底的に神の教会を迫害し、滅ぼそうとしていました。また、先祖からの伝承を守るのに人一倍熱心で、同胞の間では同じ年ごろの多くの者よりもユダヤ教に徹しようとしていました。しかし、わたしを母の胎内にあるときから選び分け、恵みによって召し出してくださった神が、御心のままに、御子をわたしに示して、その福音を異邦人に告げ知らせるようにされたとき、わたしは、すぐ血肉に相談するようなことはせず、また、エルサレムに上って、わたしより先に使徒として召された人たちのもとに行くこともせず、アラビアに退いて、そこから再びダマスコに戻ったのでした。

それから三年後、ケファと知り合いになろうとしてエルサレムに上り、一五日間彼のもとに滞在しましたが、ほかの使徒にはだれにも会わず、ただ主の兄弟ヤコブにだけ会いました。わたしがこのように書いていることは、神の御前で断言しますが、うそをついているのではありません。その後、わたしはシリアおよびキリキアの地方へ行きました。キリストに結ばれているユダヤの諸教会の人々とは、顔見知りではありませんでした。ただ彼らは、「かつて我々を迫害した者が、あの当時滅ぼそうとしていた信仰を、今は福音として告げ知らせている」と聞いて、わたしのことで神をほめたたえておりました。

どのように信仰に導かれ、どのように救いに入れられたかということは、人それぞれの歩みであって、それを語り出せば、その人の証になります。激動の人生を歩んで、ドラマティックな転換を経て信仰に入られた人もいるでしょう。しかし多くの方は、特にこれと言って大きなドラマがあったわけではなく、むしろ平凡な人生の中で、求道の機会を与えられ、淡々と信仰に導かれたのではないでしょうか。本当の大きなドラマは、その淡々とした歩みの中にむしろ隠されていて、そこに神の出来事があったというのが、信仰者の歩みではないでしょうか。

今朝の箇所は、使徒パウロが福音を知らされたいきさつを語り、キリストの使徒、それも異邦人に福音を伝える使徒として立てられた次第を語っています。パウロは元来、教会の迫害者でした。そこから一転して、異邦人に福音を伝える伝道者にされました。彼はまさしくドラマティックな転換をした伝道者でした。「使徒」は特別な例外的な人たちです。教会が使徒を生んだのでなく、逆に使徒によって教会は建てられました。教会との関係が私たちとは逆です。ですから当然、使徒パウロの証は、私たちとは違うと言わなければならないでしょう。しかし注意してみると、パウロの驚くべきドラマティックな回心の中で核心部分としてパウロが強調し語っていることは、私たちの信仰生活を支えている出来事と同じであると気づかされます。神の働きによってイエス・キリストとの出会いが起こり、そのキリストによって新しい人生の道を与えられました。それがパウロを転換させた大事件でした。しかしそれはどのキリスト者にもある大きなドラマと言うべきではないでしょうか。

パウロがここで語っているのは、自分が伝えた福音は「人によらない」、「人から受けた」のではないということです。それは「イエス・キリストの啓示によった」と言われます。このことは自分がどのようにして異邦人の使徒にされたかを語ることで明らかになるというのです。自分は「徹底的に神の教会を迫害し、滅ぼそうとしていました」（一三節）とパウロは語ります。しかし神が選び、召し出し、御子を示して異邦人に告げ知らせるようにされた（一五、一六節）と。教会の迫害者から一八〇度転換して福音の伝道者にされました。この大転換の中心でそれを惹き起したのは、他の人の力でも自分の力でもなく、「神の選びと召し」によりました。そして「神が、御心のままに、御子をわたしに示して」くださったからと言うのです。要するに、人から受けたのでなく、「キリストの啓示から」受けたということです。これがドラマティックな出来事の中心で、この中心はキリスト者であれば、誰にも通じる共通のことと言ってよいでしょう。福音は人によらず、キリストによりました。信仰に入れられたのも、実は、人によってではなく、神の選びと召しによったのです。信仰者の最大のドラマとして誰の信仰にもあることです。福音はキリストにより、神の選びと召しによって与えられました。これより大きな人生と世界の事件はありません。

一二節に「わたしはこの福音を人から受けたのでも教えられたのでもなく、イエス・キリストの啓示によって知らされたのです」とあります。本当は「知らされたのです」という言葉はありません。直訳すれば「わたしはこの福音を人から受けたのでも教えられたのでもなく、イエス・キリストの啓示によって」と言うのです。パウロにとって福音を誰から受けたかが重大で、それを「イエス・キリストの啓示から」受けたと語っているわけです。コリントの信徒への手紙一の一五章に、この「受けた」と同じ用語で記されている箇所があります。「最も大切なこととしてわたしがあなたがたに伝えたのは、わたしも受けたものです」（三節）と言います。そして「すなわち、キリストが、聖書に書いてあるとおりわたしたちの罪のために死んだこと、葬られたこと、また聖書に書いてあるとおり三日目に復活したこと」（三―四節）と続きます。

「最後に、月足らずで生まれたようなわたしにも現われました」と言われます。「わたしも受けたものです」とパウロが言うのは、彼が礼拝生活をしたと考えられるアンティオキアの教会で受けたのではないかと解釈されることもあります。しかしそうではないでしょう。もっと根本において「イエス・キリストの啓示から受けた」ということでしょう。

「人からではない」ということで、パウロが特に強調しているのはエルサレム教会の人たちから受けたのではないということです。今朝の箇所でエルサレムには行かなかった、行ったのは回心の三年後で、それもごく短い期間に過ぎず、会った人もごくわずかと語っているのはそのためです。福音を受けたのはキリストから、復活のキリスト御自身から受けたのです。それが使徒パウロの使徒たるゆえんでした。

この点は、私たちは使徒と同じとは言えません。私たちの信仰は、教会に基づき、福音を教会から受けています。教会の先達からも受けています。しかしそれでも、私たちがキリスト者とされたのは、教会を通し、礼拝を通してですが、神の選びと召しにより、イエス・キリストが御自身を私たちに示してくださったからではないでしょうか。キリスト者誰に対しても与えられている最大の事件に私たちは皆あずかっています。十字架にかかり復活されたイエス・キリストが私たちに御自身を示してくださいました。そして私たちはキリストの恵みの中に入れられました。それは教会に、そしてその礼拝にあずかる私たちに与えられた偉大な出来事です。十字架のキリストがどんなに重要で、私たちに決定的な意味を持っているか、それがどう分かるかは、礼拝のたびごとのことです。また、それぞれの信仰生活の中でそれぞれに経験することでもあります。私は洗礼を受けた後も、キリストのことがピンとこない時期を過ごしました。あるとき牧師にも相談できない悩みを経験しました。その中で「御自身、試練を受けて苦しまれたからこそ、試練を受けている人たちを助けることがおできになる」（ヘブ二・一八）という御言葉によって、キリストが私にとって重大なお方であることが少しずつ分かりはじめました。それは本当に少しずつで、私は「試練を受けて苦しまれたキリスト、だからこそ助けることがおできになるキリスト」に対する信仰によって悩み多き青春時代を過ごしました。「今共にいますキリスト」という信仰を与えられたのは、それよりもずっと後のことです。キリストは神と一体、神なるキリストであるからこそ「今、共にいますキリスト」です。「キリストを身にまとう」、それが「死に装束」でもあるという思いを与えられたのは、六〇代に入ってからのことです。イエス・キリストの示しはそのつどの礼拝で受け、礼拝で出会い、そして信仰の経験に刻まれました。

使徒パウロはエルサレム教会の人々からでなく、復活のキリスト御自身から福音を受けました。パウロの言葉にもっと即して言うと、イエス・キリスト御自身が福音そのものでした。パウロは神の教会を迫害し、滅ぼそうとしていたのです。そのパウロに神は御子を福音として示されました。「神の教会を迫害する」というのは、「神の敵」であると言えるでしょう。パウロの手紙の中に「敵であったときでさえ、御子の死によって神と和解させていただいた」（ロマ五・一〇）と記されている箇所があります。実際自分がまだ神の敵であったとき、御子の死によって神との和解に入れられたというのは、パウロ自身の信仰にとって重大な事実であったに違いありません。しかし「敵であったときでさえ」という内容は、使徒を土台として成立した教会に生きるどの信仰者にも共通することです。

聖書の翻訳に微妙な不満を感じるときがあります。一六節ですが、「御子をわたしに示して、その福音を異邦人に告げ知らせるようにされたとき」とあります。これでまちがいではないのですが、直訳すると「御子をわたしに啓示された、彼を福音として異邦人の間で語り告げるために」というのです。キリスト御自身を福音として異邦人の間に語ることが言われており、そのために御子をパウロに示されたと言われています。キリストという福音が私たちに示されるとき、私たちの生き方も定まります。それは洗礼を受けてキリスト者とされる時でもあって、神の御計画の中に生きる者とされます。パウロはこうして異邦人の間でキリストを説教する異邦人の使徒とされました。

「すぐ血肉《けつにく》に相談するようなことはせず」、エルサレムにも上らず、「アラビアに退いて、そこから再びダマスコに戻った」（一七節）とパウロは記しています。二一節には「シリアおよびキリキアの地方へ行きました」とあります。「アラビアに退いて」というのは、瞑想のために退いたという解釈もありますが、有力なのはむしろ伝道に赴いたという説です。ダマスコに戻ったとあるのも、シリアおよびキリキアの地方に行ったというのも、御子キリスト、敵であった者をもその十字架の死によって神との和解にいれてくださった御子キリストを福音として、とりわけ異邦人に宣べ伝えるためでした。回心直後にパウロはアラビア、ダマスコ、シリア、キリキアの各地で伝道したのです。これは使徒言行録が伝える第一回伝道旅行以前のことです。その地域にどういう教会が築かれたか、記録はありません。それにしても福音を受けると同時に、福音を伝えるキリスト者の生き方が示されています。

この点でも使徒の生き方は私たちと異なりますが、同時に私たちの模範として共通する面を持っています。キリストという福音に生かされ、神が共にいてくださる人生に生きて、福音を伝えない人はいないのではないでしょうか。キリスト者は皆、キリストを福音として証し、伝えています。キリスト者とは、キリストを伝えようと願っている人、そして現に伝えている人のことです。

私たちはいま、礼拝の群に加わっています。それは御言葉に聞き、主の晩餐によって養われ、神の御栄えをほめたたえるためですが、同時に、教会の礼拝が現代の世に対してキリストという唯一の福音を伝えていると確信し、共に信じて伝えるためでもあります。かつて福音を知らず、また福音に対して無関心であった者が、今は、神と共にある者とされた、そしてこれ以上に素晴らしいことはないとこの礼拝を通し、また一週間の生活を通して表現したいと願い、事実、表現しているのです。それが私たちキリスト者ではないでしょうか。

キリスト・イエスにあって持っている自由

二章一―一〇節

その後一四年たってから、わたしはバルナバと一緒にエルサレムに再び上りました。その際、テトスも連れて行きました。エルサレムに上ったのは、啓示によるものでした。わたしは、自分が異邦人に宣べ伝えている福音について、人々に、とりわけ、おもだった人たちには個人的に話して、自分は無駄に走っているのではないか、あるいは走ったのではないかと意見を求めました。しかし、わたしと同行したテトスでさえ、ギリシア人であったのに、割礼を受けることを強制されませんでした。潜り込んで来た偽の兄弟たちがいたのに、強制されなかったのです。彼らは、わたしたちを奴隷にしようとして、わたしたちがキリスト・イエスによって得ている自由を付けねらい、こっそり入り込んで来たのでした。福音の真理が、あなたがたのもとにいつもとどまっているように、わたしたちは、片ときもそのような者たちに屈服して譲歩するようなことはしませんでした。おもだった人たちからも強制されませんでした。――この人たちがそもそもどんな人であったにせよ、それは、わたしにはどうでもよいことです。神は人を分け隔てなさいません。――実際、そのおもだった人たちは、わたしにどんな義務も負わせませんでした。それどころか、彼らは、ペトロには割礼を受けた人々に対する福音が任されたように、わたしには割礼を受けていない人々に対する福音が任されていることを知りました。割礼を受けた人々に対する使徒としての任務のためにペトロに働きかけた方は、異邦人に対する使徒としての任務のためにわたしにも働きかけられたのです。また、彼らはわたしに与えられた恵みを認め、ヤコブとケファとヨハネ、つまり柱と目されるおもだった人たちは、わたしとバルナバに一致のしるしとして右手を差し出しました。それで、わたしたちは異邦人へ、彼らは割礼を受けた人々のところに行くことになったのです。ただ、わたしたちが貧しい人たちのことを忘れないようにとのことでしたが、これは、ちょうどわたしも心がけてきた点です。

洗礼を受けてから何年になるといった話は、私たちの間でよく話題になります。主イエスによってキリスト者とされたことはそれ以前と以後を分ける、新しい人生の出発になるからです。

「その後一四年たってから」（二・一）とパウロは記しました。一章一八節には「それから三年後」とありますから、「その後一四年たって」というのは、復活の主イエスと出会い、異邦人の使徒とされて、計一七年たったことを意味します。その頃、エルサレムに再び上った、それもバルナバと共に、そしてテトスも連れて行ったとあります。この再度のエルサレム訪問は、パウロが異邦人に伝えている福音をエルサレムのおもだった人々に話して、意見を求めるためでした。これが初代教会の歩みの中で重大な意味を持つ「エルサレム使徒会議」を意味することは疑いがないでしょう。使徒言行録一五章にもこの会議のことが記されています。おそらく紀元四八年か四九年のことだったと言われます。バルナバが同席したというのは、彼はアンティオキア教会の代表ですから、この会議が個人的なものでなく、エルサレム教会とアンティオキア教会の公式の会議であったことを意味します。

会議の内容は、パウロの伝える福音がヤコブやペトロといったエルサレム教会のおもだった人々によって受け入れられ、ペトロが割礼を受けたユダヤ人に福音を伝えるように、パウロは割礼のない異邦人に、割礼をほどこすことなく福音を伝えることを認め、両者共に同じ神の働きによって使徒として立てられたことを承認し合ったことでした。パウロの福音はユダヤ人たちにとっては衝撃的であったに違いありません。割礼も律法もなしにただキリストによって神の救いに入れられるという福音であったからです。しかしこの福音をエルサレム教会はよしとしました。「割礼も律法もなしにただキリストによって」というのは、律法も割礼も知らない異邦人に、直接、主イエス・キリストとその十字架の出来事を唯一の福音として伝えることです。ユダヤ教に回心してからキリスト者になるのではないということです。この会議の内容がごく初期の時代にあって、伝道と教会の運命を決めました。神がパウロを用い、またエルサレム教会のおもだった人々を用いて、このようにしてくださらなかったら、キリスト教はおそらく、ただユダヤ教内部の一つの運動として終わったでしょう。その後の福音伝道はなく、私たちがキリスト者とされることも起こらなかったのではないでしょうか。しかしそうなることは神の御心がゆるさなかったのです。

中心問題はイエス・キリストの福音で、それは律法も割礼も必要としないということでした。救いには律法という人間が果たさなければならない条件を満たす必要はありません。主イエスによる福音は、それのみを無条件に信じて、何の資格もないままに受け入れることができ、その中に生かされることができます。ユダヤ主義者たちは、パウロのこの福音伝道を覆そうとしました。パウロが彼らを「偽の兄弟たち」(四節)と呼んでいるのは、キリスト者の中にそういう人々が入り込んでいたからです。彼らはエルサレム教会のおもだった人々に働きかけ、会議の方向を自分たちの思うように持っていこうとしました。パウロがテトスを連れて行ったのは、この会議に対する布石であったと思われます。テトスはギリシア人で、割礼を受けていません。しかしキリストの福音を信じて、パウロの若き同労者として異邦人伝道に尽力していました。エルサレムのおもだった人々もテトスと会い、彼に割礼を受けるように強いることはしませんでした。三節に「わたしと同行したテトスでさえ、ギリシア人であったのに、割礼を受けることを強制されませんでした。潜り込んで来た偽の兄弟たちがいたのに、強制されなかったのです」とある通りです。これでエルサレム会議の方向は決定されました。異邦人への伝道は、割礼と律法なしの福音、ただキリストのみを福音として伝道することをエルサレム教会の人々は受け入れたわけです。

パウロはこの福音を「自由」という言葉で表現しています。私たちには「キリスト・イエスにおいて持っている自由」があると語ります。それをまた「福音の真理」という言葉でも表現しています。「福音の真理が、あなたがたのもとにいつもとどまっているように、わたしたちは、片ときもそのような者たちに屈服して譲歩するようなことはしませんでした」（五節）と言います。エルサレム会議によってガラテヤの人々の救いが守られ、今日の私たちキリスト者の自由も守られたのです。

「キリスト・イエスにおいて持っている自由」とは、ここでは明らかに「律法と割礼」からの自由です。このことは今日の私たちにはピンとこないかもしれません。それでも「律法と割礼なしに」ということは、「人間の努力や成果なしに」であることは分かります。キリストの十字架により、ひたすら神の恵みによってのみ救われるのが、真実の福音であり、それを受け取るのに何の条件も資格も要求されていないことは私たちにも分かります。これを覆そうとした人々に対し、パウロは「わたしたちを奴隷にしようとして」（四節）、こっそり入り込んできたと語りました。「キリスト・イエスにおいて持っている自由」に生きるか、さもなければ「奴隷にされる」というのです。律法や割礼の奴隷にされ、あるいは偽の兄弟たちの奴隷にされるということでしょう。

「何かの奴隷になっていないか」という問題はけっして昔の話ではありません。外見上、あるいは社会的に見て自由だといっても、それで本当に自由であるわけではないからです。私たちが奴隷でないということは、ただ社会制度の問題だけではないでしょう。もちろんそれも大切ですが、もっと深い意味で、魂が自由であることが重大です。私たちの魂が自由でなければ、本当に自由であるとは言えないでしょう。外見的に自由であっても、内面的に自由でなければ、自由とは言えません。本当の自由は、心の中の自由、心の平安と喜びとして実感されるものです。それには「福音の真理」が心に留まり続けていることが重大です。

もし「割礼」を受けることや「律法」を満たすことが救いの条件にされたならば、外見的なライフスタイルは律法によって縛られます。それだけでなく、魂も律法によって縛られるでしょう。律法の要求を満たすことに日々きゅうきゅうとしなければならず、それを満たすことができなければ傷つき、負い目を負い、律法からの責めや告発を受け、そして脅かしを受け、心は不安にならざるを得ません。不安に怯える内面生活を抱えて、自由はありません。外面的な生活も大事ですが、心が奴隷になるのでは救いはないと言わなければならないでしょう。私たちに負い目を負わせ、私たちの心を縛り、不安を及ぼし、恐れを抱かせるものが、今日もあるのではないでしょうか。色々なノルマがあります。約束事や期待に縛られ、競争とストレスに追われます。過去に行った失敗によって糾弾され続け、将来に対する不安に脅かされます。そのときあなたは奴隷になっているのではないかと問われるでしょう。

それに対して「私たちはキリスト・イエスにあって持っている自由」に生きることができると知らされます。キリストによって本当に自由でいることができると告げられます。罪や死や負い目や、あらゆる脅かしからキリストによって自由にされると言うのです。それがキリスト・イエスにおいて私たちが持っている自由です。内面的な自由、魂の自由、誰からも奪われない自由です。他のいかなる人の非難からも自由、世の評判からも自由です。イエス・キリストのものとされているからです。

「キリスト・イエスにあって持っている」というのは、「キリストに結ばれ」「キリストのものとされて」いることで持っているというのです。信仰により「洗礼」を通して「キリストの中に入れられた」ことによって持っている自由です。キリストが罪に打ち勝ち、律法の支配を破り、それによって私たちに赦しを与え、あらゆる咎や負い目から自由にしてくださいました。魂が自由であるのは、赦された自由に生きているからです。キリスト・イエスにあって生きることは、他の人の奴隷になって生きることではありません。どんな権威や権力の支配からも、私たちの内面は解き放たれ、キリストの恵みの支配のもとにおかれています。それが真実に自由にされているということです。

エルサレム使徒会議は、「交わりの握手」をもって閉じました。その握手は信仰の交わりを示したものですが、ただの交わりでなく、伝道の使命に向かって一致したということです。「割礼を受けた人々に対する使徒としての任務のためにペテロに働きかけた方は、異邦人に対する使徒としての任務のためにわたしにも働きかけられたのです」（八節）とパウロは記しています。神の与えた交わりと伝道の一致協力が、握手の中に示されました。「貧しい人たち」のことを「忘れないように」ということでも一致しました。「忘れないように」とは、覚えて、執り成し、助けるようにということです。「貧しい人たち」とはエルサレム教会の人々のこと、その中でも特に経済的に貧しい人たちのことでしょう。パウロがエルサレム教会のために行く先々の教会で訴え、献金を集めたことはよく知られています。主イエスにある本当の自由は、伝道の一致協力の実を結び、主にある貧しい人たちへの救援を生み出しました。このことは私たち自身の信仰による自由な生活の中にもあるのではないでしょうか。私たちも伝道のために一致協力し、助けを必要としている主にある兄弟姉妹に手を差し伸べるでしょう。キリスト・イエスにあって持っている自由をそのようにして生きる群が、主の教会ではないでしょうか。

キリストを信じる以外に義とされない

二章一五—二一節

わたしたちは生まれながらのユダヤ人であって、異邦人のような罪人ではありません。けれども、人は律法の実行ではなく、ただイエス・キリストへの信仰によって義とされると知って、わたしたちもキリスト・イエスを信じました。これは、律法の実行ではなく、キリストへの信仰によって義としていただくためでした。なぜなら、律法の実行によっては、だれ一人として義とされないからです。もしわたしたちが、キリストによって義とされるように努めながら、自分自身も罪人であるなら、キリストは罪に仕える者ということになるのでしょうか。決してそうではない。もし自分で打ち壊したものを再び建てるとすれば、わたしは自分が違犯者であると証明することになります。わたしは神に対して生きるために、律法に対しては律法によって死んだのです。わたしは、キリストと共に十字架につけられています。生きているのは、もはやわたしではありません。キリストがわたしの内に生きておられるのです。わたしが今、肉において生きているのは、わたしを愛し、わたしのために身を献げられた神の子に対する信仰によるものです。わたしは、神の恵みを無にはしません。もし、人が律法のお陰で義とされるとすれば、それこそ、キリストの死は無意味になってしまいます。

キリスト教信仰が信じている「イエス・キリストによる救い」とはどういう救いでしょうか。聖書は色々な表現によって、キリストによる救いを伝えています。「永遠の命を得る」のが救いと言われますし、「神との平和に入れられる」のが救いとも言われます。「神の子」とされ「神の栄光」にあずかることも救いには含まれています。救われた生活は、どんなことも思い煩わない生活、常に喜びと感謝に生きる生活とも記されます。自分一人で生きるのでなく、神の民に加えられ、兄弟姉妹として交わりの中に生きることも、キリストによる救いの中に含まれています。

今朝の聖書は、救いの中で見落としてならないもう一つの重要な表現を伝えています。「義とされる」という表現がそれです。「ただイエス・キリストへの信仰によって義とされると知って、わたしたちもキリスト・イエスを信じました」(二六節)と記されています。使徒パウロによれば救いとは「義とされる」ことです。それこそがパウロの言う救いの第一の表現と言うべきでしょう。

「義とされる」とは、どういうことでしょうか。「義」は「正しい」とも訳されます。神が私たちを義としてくださるのですが、それは法廷での言葉、裁判の時の言葉とも言われます。神の法廷があり、審判者である神が「あなたは義である」と言ってくださる、またそのように扱ってくださる。それが「義とする」ことです。神が義としてくださるのは、他の誰が何と言おうと、誰があなたを非難し、訴えようと、たとえ悪魔が告発しようと、裁判の山場でこれはもう私の有罪判決は避けられない、そういう切羽詰まった状況の中でも、審判者である神はあなたを「義である」と判定してくださいます。「義とされる」とは、神から「あなたは無罪だ」「正しい」「それでよい」と言われることです。

このことは文字通り私たち自身が人間として、私たち自身の実体として「義」であるというわけではありません。私たちはむしろ欠け多く、問題を多く抱えた人間です。それが現実です。けれどもその私を、神は義とし、義であると認めてくださいました。私たちの現実よりもっと偉大な神の現実、神との関係の現実があって、その中で義とされます。そこには「赦し」があるとも言うべきでしょう。しかも、神は正当な手続き、堂々たる根拠に基づいてそうしてくださいました。それが「キリストによって義とされる」ということです。このことがキリストによる救いの中にはあります。

聖書が伝える「救い」では、神が私たちをどう見て、どう裁かれるかが決定的です。神が憐みの神でいらして、義でない私たちを「義とし」、そのために確かな根拠を与え、正当な手続きを踏み、神との確かな関係を前提にして、「それでよし」と揺るぎなく判定してくださいます。「義とされる」とは、言い替えると、神が私の神でいてくださり、私を神の民、神の子としてくださっていることです。義とされた神との関係によって、私たちは罪の負い目を拭われ、どんな非難や糾弾からも解放され、自分自身の心を苛む不安からも解き放たれます。神から「義」とされれば、安心することができます。誰からの非難も恐れる必要はなく、自分で自分を責める必要もありません。

それでは一体、何によって私たちは義とされたのでしょうか。私たちが義とされた確かな根拠と手続きとは何でしょうか。「義とされる」のは「ただイエス・キリストへの信仰によって」と言われます。律法を行うことで「義」とされることは誰にもできません。「律法」は、「殺すな、姦淫するな、貪るな」といった十戒の戒めによって示されていますが、その他にも礼拝の規則、捧げ物の規定などの祭儀律法や、食物規定、口にしてはならないもの、あるいは肉の処理法、さらには割礼を受けていない異邦人と共に会食してはならないといったさまざまな規定が含まれています。しかし聖書は、そうした諸々の律法を実行することでなく、ただ「イエス・キリストへの信仰」によって「義とされる」と語ります。人間が自分で実行することは、確かなように見えて、決して確かではありません。「律法の実行によってはだれ一人として義とされない」とある通りです。

それなら、「イエス・キリストへの信仰」は、「律法を実行する」のとどう違うのでしょうか。信仰と言っても、私たち自身が信じるのでしょう。そうであれば、信じることを実行する私たちの業が結局重大になるのではないでしょうか。私たちは本当に確かに信じているのでしょうか。信仰の中に、迷いやためらいが入ってくるのではないでしょうか。自分の利己心や邪《よこしま》な思いを持ちながら、まったく汚れた仕方で信じているのが現実ではないでしょうか。キリストへの信仰もまた律法の業と同じで、私たち人間の信仰であったら確かとは言えないのではないでしょうか。そうではありません。「イエス・キリストへの信仰によって」とありますが、原語は「イエス・キリストの信仰」と記されています。「イエス・キリストの信仰」というのは、訳しようによっては「イエス・キリストの真実」とも訳せます。「イエス・キリストが真実な方なので」とも訳せます。ですから一六節の文章を「イエス・キリストの真実によって義とされる」と訳した例があります。しかしここでは「イエス・キリストへの信仰」「イエス・キリストに対する信仰」と訳しています。これはこれでよいと思います。ですが、イエス・キリスト御自身の真実とも訳せることは重大で、キリストに対する信仰において本当に決定的なのは、私たちの実行やその時々に信じている私たち自身の行為としての信仰ではないのです。私たちの信じる心の姿勢が決め手になっているのでもなく、私たちの信仰の中で主イエスが真実な方であることが決定的なことです。キリストを信じるとき、その信仰の中に私たちの迷いや偽善が働いたとしても、その私たちをキリストの真実が支え清めてくれます。それこそキリストの信仰であって、キリストの信仰が律法の業とまったく違っているところです。

律法は、それを実行する私たちにかかっています。ですから「律法の実行によっては、だれ一人として義とされない」(一六節)と言われるほかないのです。しかし「イエス・キリストへの信仰」は、私たちの心や姿勢の真実でなく、「イエス・キリストの真実」によって支えられています。

「イエス・キリストへの信仰」をパウロは二〇節で「わたしを愛し、わたしのために身を献げられた神の子に対する信仰」と言い替えました。「わたしを愛し、わたしのために身を献げられた神の子」。ここにキリストの真実があります。信仰によって義とされ、神との正しい関係におかれるのは、私がしたこと、いましていることによってではありません。神の御子であるキリストが私を愛し、私のために身を献げてくださったことによってです。これが神の恵みです。「キリストがわたしを愛し、わたしのために身を献げてくださった」。この神の恵みによって信仰は支えられ、私たちは義とされています。

パウロが記した「恵みによって義とされる」という信仰が、宗教改革の信仰を成立させました。そして「義認」の教理が、「教会がそれとともに立ちもし、倒れもする条項」と言われました。教会が真実に教会であるのは、「恵みによって義とされる」という信仰によると言うのです。どれだけ功績をあげたか、宗教改革当時の状況で言えば、免罪符を買ったとか、教会に寄進したとか、巡礼したとかでしょうが、それらは問題ではありません。そもそもそんなあやふやな人間の行動で救われるはずはないのです。人間の行動はいつでも曖昧なものです。「ただキリストを信じる信仰」、キリストが私を愛し、身を献げてくださった、その恵みによって私たちは義とされます。今年は二〇一四年ですから、三年後（二〇一七年）には宗教改革五〇〇年を迎えます。キリストの恵みによる義認が、私たちの救いとして力を発揮しているかどうか、そういう信仰に生きているかどうかが問われます。ノルマを果たしたか、結果を出したか、業績を積んだかが問題ではありません。神の御子、主イエス・キリストがどれだけ私を愛し、御自身を献げてくださったか、そのキリストの事実が私を義とする、その信仰に生きているかどうかということです。

「ただイエス・キリストへの信仰によって義とされると知って、わたしたちもキリスト・イエスを信じました」とパウロは書いています。「わたしたちもキリスト・イエスを信じました」という書き方は、洗礼を受けたことと結びついています。一九節に「わたしは、キリストと共に十字架につけられています」とも記されているのはそのためです。これも洗礼を意味しています。「共に十字架につけられる」という言葉は、福音書では二人の盗賊が主イエスと一緒に十字架につけられたことを記す言葉です。パウロはそれを私たちの洗礼に用いました。洗礼によって、私たちはキリストと共に十字架につけられた、それがキリストを信じたということです。キリスト・イエスを信じて洗礼を受け、十字架の死の中にキリストと共に入れられたと言うのです。それによって義とされるのです。律法の実行によってではなく、キリストを信じて、共に十字架につけられたことで義とされます。

私たちもキリストを信じて洗礼を受けました。それによって、義としてくださる神との関係の中に入れられました。どんな時にも、キリストによって憐みの神が私たちの神です。そしてどんな時にもキリストによって私たちはその神の民、その神の子です。キリストによって義とされ、救いに入れられた者として、神の聖名をほめたたえたいと思います。

十字架につけられたままのキリスト

三章一―六節

ああ、物分かりの悪いガラテヤの人たち、だれがあなたがたを惑わしたのか。目の前に、イエス・キリストが十字架につけられた姿ではっきり示されたではないか。あなたがたに一つだけ確かめたい。あなたがたが〝霊〟を受けたのは、律法を行ったからですか。それとも、福音を聞いて信じたからですか。あなたがたは、それほど物分かりが悪く、〝霊〟によって始めたのに、肉によって仕上げようとするのですか。あれほどのことを体験したのは、無駄だったのですか。無駄であったはずはないでしょうに……。あなたがたに〝霊〟を授け、また、あなたがたの間で奇跡を行われる方は、あなたがたが律法を行ったから、そうなさるのでしょうか。それとも、あなたがたが福音を聞いて信じたからですか。

それは、「アブラハムは神を信じた。それは彼の義と認められた」と言われているとおりです。

手紙を書くには書き方の作法があって、礼儀をもって書くのが普通でしょう。手紙の中で相手を「愚か者」呼ばわりすれば、失礼であるだけでなく、返信も期待できない決裂の文書になってしまいます。今朝の聖書の箇所で、パウロは「ああ、物分かりの悪いガラテヤの人たち」と書きました。並のことではありません。尋常でないことが起きていることは明らかです。なぜこの書き方になったのでしょうか。

パウロの意図は、ガラテヤの人々を敢えて蔑視することにあったのではないでしょう。何とかして彼らを信仰の本筋に立ち返らせたいと願ったのです。その熱意が手紙の常道を破って表現されました。「物分かりの悪いガラテヤの人たち」という書き方を、ある聖書学者は「馬鹿なガラテヤの人たち」と訳しました。同じことかもしれません。しかし「馬鹿な」と訳すのには抵抗を感じます。「兄弟に『ばか』と言う者は、最高法院に引き渡され、『愚か者』と言う者は、火の地獄に投げ込まれる」（マタ五・二二）と、山上の説教の主イエスの御言葉にあるからです。それよりも「物分かりの悪い」とここに訳されている言葉は、あのエマオ途上の二人の弟子たちに主イエスが語ったのと同じ言葉です。「ああ、物分かりが悪く、心が鈍く預言者たちの言ったことすべてを信じられない者たち」と、主イエスは言われました。そしてメシアは苦しみを受けて栄光に入るはずと、御自分の十字架と復活について書かれていることを聖書全体にわたって説明なさったと言われます。「物分かりが悪い」という呼びかけは、御自分に起きた事実が、真実、福音であることを伝えたい主イエスの思いから来ており、その主の言葉に通じる使徒パウロの書き方です。この言葉は私たちにも向けられているのではないでしょうか。「ああ、物分かりの悪い銀座の人たち」とも言われているのではないかと思うのです。

問題は、福音の正しい理解に立ち返ること、主イエス御自身の出来事をしっかりと聞くことがどれほど重要なことかということです。そこにもう一度戻そうとする使徒の真剣な願いが、私たちの物分かりの悪さを衝きます。主イエスを信じていたら、信仰の人生の中で惑わされるはずはないではないかと言うのです。

主イエスの正しい理解をパウロは一言で表現しました。「目の前に、イエス・キリストが十字架につけられた姿ではっきり示されたではないか」（一節）というのが、それです。これが、信仰が立脚している事実です。これが福音です。短い言葉ですが、語順通りに言うと「眼前に、イエス・キリストが、公然と示されたではないか。十字架にかけられたままで」と言います。「十字架にかけられたままで」が文章の最後に来ているのは、付け足しではありません。文章の最後に強調があるのです。

「十字架にかけられたままで」というのは、十字架がただ昔のことではないことを意味します。事実過去に起きたことですが、十字架の主イエス・キリストが今日現在の現実として眼前に示されています。「示されている」というのは言葉で示されていることで、パウロは伝道のはじめから、繰り返し「十字架の主イエス・キリスト」を語ってきました。十字架の主イエスを説教し続けてきたのです。今十字架にかけられたままの主イエス・キリストが眼前に示される説教、それがパウロの言う「十字架の言葉」です。この「十字架の言葉」が救われる者には神の力と言うのです。

パウロはさらに言葉を換えて言います。十字架の主イエス以外に、律法の業を行うことに心を向けようとするガラテヤの人々に対し、「一つだけ確かめたい」と言うのです。「あなたがたが霊を受けたのは、律法を行ったからですか。それとも福音を聞いて信じたからですか」。先には、「眼前に十字架につけられたままのキリストが公然と示されたではないか」と言い、今度は「あなたがたが聖霊を受けたのは何によってか」と問います。「あなたがたが霊を受けたのは」、「律法を行ったから」ではなくて、「信仰の説教を聞いたから」ではないかと言うのです。

「福音を聞いて信じたからですか」とありますが、本文には「福音」という言葉はありません。「信仰を聞く」とあるだけです。信仰を聞くということは、信仰の言葉を聞くこと、具体的にはイエス・キリストの出来事を証言する説教を聞くことでしょう。聖霊を受けたのは、使徒の説教を聞いたことによったはずと言うのです。

「聖霊を受けた」というのは、「信じて洗礼をうけた」のと同一のことです。洗礼のことはこここに一言も記されていません。しかし「霊を受けた」というのは水と霊による洗礼を受けたことと不可分です。信仰の説教を聞き、信じて、洗礼を受け、主イエスのものとされました。そのとき「聖霊」を受けたのです。「眼前に十字架につけられたままのキリストを示され」「聖霊を受けた」、それは「信じて洗礼を受けた」ことと一連のことです。それでパウロは、「聖霊を受けた」のは律法を行ったからか、それとも信仰の言葉・説教を聞いたからかと問い質したのです。律法を実行しようと苦労することは、眼前の十字架の主と結びつきません。信じて洗礼を受けたこととも結びつかず、聖霊を受けたこととも結びつかないのです。聖霊を受けたのは、信仰の言葉を聞き、御言葉の説教によって、主イエス・キリストが眼前に十字架につけられたままに示され、その主を信じて洗礼を受けたからです。霊を受けたのは律法を行ったからでなく、信仰の言葉を聞いたからということは明らかなことでした。

パウロはさらに、たたみかけるようにして、「あれほどのことを体験したのは、無駄だったのですか」と問い詰めています。「あれほどのことを体験した」とは何を指しているのでしょうか。はっきり記されてはいません。手紙を受け取ったガラテヤの人たちにはすぐに分かったのでしょう。「あれほどのことを体験した」というのは、「あれほど偉大なこと」という言葉で、しかもそれが複数形で表現されています。「霊を受けた」という関連で「あれほど偉大なことを体験した」と複数形で言うのですから、聖霊によるさまざまな体験、癒しや異言のことが意味されているのかもしれません。愛の業など特別な霊の賜物の経験、感謝や歓喜の体験を意味しているかも知れません。しかしいずれにせよ「無駄だったのですか」と問われています。それは「恵み」のことを問うているからです。

今朝の箇所の直前、二章の二一節に「わたしは神の恵みを無にはしません」とあります。恵みは無駄にされやすいのです。二章の二一節で「神の恵み」と言われているのは「わたしを愛し、わたしのために身を献げられた神の子」のことです。わたしのために十字架にかかられたキリストが恵みです。キリストの十字架は無駄にされやすいのです。だとすると、「あれほどのこと」と言っているのは、神の恵みのことであり、御子がわたしのために身を献げてくださったことであり、十字架にかけられたままのイエス・キリストが眼前に示されたことではないでしょうか。色々な霊の賜物が与えられたでしょうが、すべてはこの十字架の主から起きたことです。わたしのために十字架にかけられたままのイエス・キリストが眼前に示され、この主イエスを信じて洗礼を受け、そして聖霊を受けました。これが救いの力になり、新しく生き返らせる力になりました。これにまさる偉大なことは地上の人生にはないでしょう。自分が律法を行ったとか、何をしたとか、しなかったということが、十字架にかけられたままのキリスト以上に重視されれば、恵みはまったく無駄にされます。

ガラテヤの人たちは、信仰で生き始めたのに、律法の行いに誘われました。信仰で始めたことを、人間の行いで締めくくろうとするのは、信仰だけでは物足りないと考えたことになるでしょう。信仰だけでは物足りない、信仰だけでは不安だと考えるとき、神の恵みだけでは物足りないと考えていることになります。イエス・キリスト、しかも十字架にかけられたイエス・キリストを信仰の言葉で聞くだけでは物足りないと言い出したら、それはまた洗礼を受け、聖霊を受けただけでは物足りないと言い出すことでもあります。そうなったら恵みは無駄にされると言わなければならないでしょう。そう言い出して、救いの道が開かれるはずはありません。神の恵みを無駄にして、どうして救いに入れられるでしょうか。恵みを無駄にしたら救いはないと知るべきです。

「恵み」は神の奇跡です。十字架にかけられたままの主イエス・キリストによって赦されるはずのない者が無条件に赦されたのです。生きることのできない者が生きる力を与えられました。恵みにより、眼前の十字架の主イエスによって、聖霊を受けました。聖霊を受けたのは、ただ信仰の言葉を聞き、信じて洗礼を受けたことによってです。それ以外にないのです。信仰は頼りないことのように見えて、どんな人間の行為をもはるかに超えています。神の奇跡に生かされることだからです。何かを達成することが重大なのではありません。「信仰を聞く」ことが重大なのです。十字架につけられたままのイエス・キリストを眼前に見るかのごとく信仰の言葉を聞くこと、そして信じて、洗礼によって主のものとされ、聖霊を受けることです。

最近、映画の試写会の招待券をいただきました。アルプス山脈の中腹にあるグランド・シャルトルーズ修道院の生活を映した映画でした。美しい自然の中でのごく質素な生活を写すその映画の中で、修道士がわずかに語る場面がありました。「世の中で聖書がそうであるように自分たち修道士も象徴だ」と語っていました。「象徴がなくなったら家の壁がなくなる様なもの、世界はどこへいってよいかわからなくなる」と語っていました。道徳的な秩序や、精神的な方向を示す存在として、世界全体を向こうにまわした修道士の矜持が示されていました。受け取り様によっては傲慢とも言えるその言葉が印象的でした。修道院生活は一種律法の業に従うような面があるとも言えるでしょう。しかしパウロなら、あらゆる律法とその業を向こうにまわして、「信仰の説教」、彼自身が語り続けた「十字架の言葉」に立つと言っているのではないでしょうか。信仰の説教は十字架にかけられたままなるキリストを眼前に示します。それが神の恵みを示すことで、これを欠いたら世界は救いを失うでしょう。最も重大なものを失います。信仰の言葉を聞いて、眼前に十字架につけられたままの主イエスを仰いで、洗礼と共に聖霊を受け、大きな恵みの体験に生かされる、この救いの道を新しい週も歩み続けたいと思います。

律法の呪いからの贖い

三章七―一四節

だから、信仰によって生きる人々こそ、アブラハムの子であるとわきまえなさい。聖書は、神が異邦人を信仰によって義となさることを見越して、「あなたのゆえに異邦人は皆祝福される」という福音をアブラハムに予告しました。それで、信仰によって生きる人々は、信仰の人アブラハムと共に祝福されています。律法の実行に頼る者はだれでも、呪われています。「律法の書に書かれているすべての事を絶えず守らない者は皆、呪われている」と書いてあるからです。律法によってはだれも神の御前で義とされないことは、明らかです。なぜなら、「正しい者は信仰によって生きる」からです。律法は、信仰をよりどころとしていません。「律法の定めを果たす者は、その定めによって生きる」のです。キリストは、わたしたちのために呪いとなって、わたしたちを律法の呪いから贖い出してくださいました。「木にかけられた者は皆呪われている」と書いてあるからです。それは、アブラハムに与えられた祝福が、キリスト・イエスにおいて異邦人に及ぶためであり、また、わたしたちが、約束された〝霊〟を信仰によって受けるためでした。

人間が生きていく上で必要なもの、大切なものは色々あります。しかしそのどれもが本当の意味で人間を救うわけではありません。大切なものが、同時に重荷になり、苦労の種になるのが、人生というものではないでしょうか。仕事や職場の人間関係もそうでしょう。生きていく上で大切ですけれども、それが同時に悩みになります。「律法」は結局、人間の業を要求します。それ自体どんなに意味のある大切なものであっても、それは同時に悩みになります。律法を遵守することでは、本当には誰も救いに達することはできないでしょう。

今朝の箇所に「律法の呪い」という興味深い言葉が出てきました。「律法の実行に頼る者はだれでも呪われています」（一〇節）と言われます。パウロは「呪われる」という律法の限界を申命記の言葉（二七・二六）を引用しながら語っています。この背景にはガラテヤの諸教会に働きかけ、律法の業の重要性を強調したユダヤ主義的キリスト者のグループがありました。すでに一章のはじめから語ってきましたが、彼らは、割礼を受け、律法の業に励むことが救いにとって重要なことと教会内に言い広め、異邦人にもそれを要求したわけです。「福音信仰」を真っ向から否定したわけではありません。しかし福音の信仰だけでは不十分として、それに加えて割礼や律法の業を要求したわけです。信じて洗礼を受けるだけでは不十分で、まず割礼を受け、律法の圏内に身を置き、それから信仰に入るようにと主張しました。パウロは激しくそれに反対しました。信仰だけでは不十分という生き方は、キリストの福音にまったく反すると語ったのです。信仰と同じレベルで、救いの条件として律法の業を並べたり、加えたりすることは、信仰によってあずかる神の恵みだけでは不十分と考えることです。それに対して、ただ信仰によって生き、ただ信仰によって義とされることこそ、恵みによって生かされることなのです。

パウロ自身は、はじめ「律法の業」に熱心に努めた人でした。自分は「律法についてはファリサイ人」「律法の義については非のうちどころのない者」であったとフィリピの信徒への手紙（三・五―六）で語っています。しかし神の御前で義とされるのは、律法の業によってではなく、信仰によると知らされたのです。復活の主イエス・キリストと出会い、主からの啓示を受けたことによって、パウロは律法の人から信仰の人に大転換させられたわけです。信仰によって「キリストにあって」生きることが、義とされ、神の祝福にあずかることと知り、律法の支配やその呪いから解放されました。

その大転換を記しているのがガラテヤの信徒への手紙三章一三節です。「キリストは、わたしたちのために呪いとなって、わたしたちを律法の呪いから贖い出してくださいました。『木にかけられた者は皆呪われている』と書いてあるからです」と言うのです。「木にかけられた者」とは元来石打ちの刑などで処刑されて、その死体を木にかけられた者のことでしょう。しかしここでは十字架の死を遂げた主イエス・キリストを指していることは言うまでもありません。主イエスは十字架にかけられて死にました。それは律法の呪いを受けて死んだのだと言うのです。律法の呪いを受けて十字架に死んだイエスがメシア（キリスト）であるはずがないとパウロははじめ考えました。だから教会の迫害者になったのです。しかし復活の主にお会いしたとき、真実はもっと深い所にあると知らされました。「イエスが律法によって呪われて十字架にかけられた」のは、主イエスがメシア（キリスト）でないことを意味するのでなくて、「メシア（キリスト）であるイエスが律法の呪いを身に受けた」ことと理解されました。それによってイエスを呪った律法の効力の方が粉砕されたと言うのです。キリストの十字架によって律法の呪いは消し去られ、「キリストにあって」生きる者には、もはや律法の支配も呪いもないものになったと言うのです。

宗教改革者マルティン・ルターは『ガラテヤ大講解』という大きな書物を残しています。その中でこの一三節を説き明かしながら、「キリスト教教理の主要点」がここにあると語っています。ここは聖書の偉大な箇所の一つです。「キリストはわたしたちを贖い出してくださった、律法の呪いから」と言われます。「贖い出す」という言葉は「市場」（アゴラ）という言葉を含んでいて、市場で代価を払って買い物をする、買い戻すという言葉です。キリストは律法の呪いから私たちを買い戻してくださった。それはちょうど借金を重ねて奴隷の身に落ちた人が、値を払って自由にされるのと似ていると言われます。しかし身を売った奴隷の場合、自分自身で貯めたお金で自分を買い戻さなければならなかったでしょう。私たちはそうではありません。私たちは自ら値を払って律法の呪いから解放されたのではないのです。そのためむしろ自分で支払えない「戦争捕虜」の場合に似ていると言われます。キリストが私たちを贖い出してくださったのであって、そのための値はキリスト御自身が支払いました。それが「わたしたちのために呪いとなって」と言われていることです。「呪いとなる」というのは、主イエスが恥辱を受け、屈辱の死、孤独な犯罪者の死を死んだことです。その呪いをわたしたちのために、身代わりになって主は受けたのです。

主イエス・キリストの贖罪の御業は偉大で深遠な出来事です。聖書といえども一箇所で贖罪のすべてを記している箇所はありません。今朝、この箇所で言えば、キリストの贖いは、私たちを「律法の呪い」から解き放ったという一点で語っています。人間の業の呪縛から主によって解放された。それがこの箇所のメッセージです。律法の呪いは、律法の要求を果たせない者を交わりから排除します。恥辱と屈辱の中に置きます。罪人と断じ、犯罪者として処罰します。それに先立って、告発によって脅かし、不安を与えます。しかしキリストは、私たちの身代わりになり、御自分の命を私たちのための代価とし、私たちを恥辱と孤独と死の呪いから買い戻し、主にある自由な命へと入れてくださいました。そのために恥辱であり、屈辱である十字架の上での罪人の死を、罪のない主イエスが死なれたのです。それは、私たち皆のために主が死なれたことでした。

律法の呪いが終わったということは、人間の業の要求のすべてについて言えることです。私たちにとって仕事の呪いも、人間関係の呪いも終わっています。神からの救いが恵みによって届いているからです。「キリストにあって」生きることのできる者にされているからです。律法の呪いから解き放ってくださった主イエスは、私たちの救い主です。

一三節と一四節はギリシア語の本文では長い一つの文章になっています。それによると、キリストの十字架による贖いはそれだけで終わらず、目的を持っていることが分かります。長い一つの文章の中にキリストによる贖罪が何のための贖罪であったか、その目的が二つの節で記されています。キリストがわたしたちを律法の呪いから贖い出してくださったのは、一つには「アブラハムに与えられた祝福が、キリスト・イエスにおいて異邦人に及ぶため」と言われます。律法の支配圏には「呪い」の脅かしが支配していました。主イエス・キリストがそれを終わらせたのは、主にあって「祝福」が異邦人に及ぶため、キリストの十字架はアブラハムに与えられた祝福が全人類に及ぶためであったと言います。ですからキリストの贖いは、それを告げる異邦人伝道を惹き起さずにはいませんでした。贖罪がなされた以上、それを伝える伝道が世界に出ていかないわけにいかなかったのです。

もう一つは「わたしたちが、約束された霊を信仰によって受けるため」、そのために主の十字架による贖いがあったというのです。「約束された霊を受ける」というのは、聖霊を受けて神との交流に生きる者、神の子とされることです。その霊を「信仰によって」神からの恵みとして受け取ります。霊を受けることは、洗礼を受けることと結びついています。洗礼を受けて神からの命を受けることでもあります。その約束された霊を私たちが信仰によって受けるために、主イエス・キリストは十字架による贖罪を果たされたと言われます。聖霊を受けるのは「信仰によって」です。ルターはこの箇所で「われわれが信じるのを、キリストは欲しておられる」と注解しました。律法の業でなく、今や信じることが重大で、「罪や死や呪いが取り除かれたと信じるならば、取り除かれている」と言うのです。キリストが取り除いてくださったからです。それで「あなたは信じるだけ持つのである」ともルターは言いました。キリストがその贖いによって果たしてくださったことを私たちは信仰によって受け取ります。主が果たしてくださったすべては信仰によって受けることができるからです。私たちは一体、主キリストの御業による賜物の全部をすでに受け取っているでしょうか。

主イエスが一〇〇してくださったのに、私たちは二つか三つしか信じていないということはないでしょうか。私たちの信仰生活がときに力が弱いのは、せっかくのキリストの御業による賜物を無駄にしているからではないでしょうか。「あなたは信じるだけ持つ」のです。キリストはその贖罪によって果たしたすべてを、与えていてくださっています。その祝福がどれほどのものか、約束された霊がどれほど力強く豊かであるか、私たちが信じるだけ、それだけ持つことができます。主が御自身を代価として果たしてくださった贖いは、私たちが今信じているよりもはるかに深く、大きいのではないでしょうか。祝福は莫大で、約束された霊は偉大です。もっともっと豊かに、力強く信じて、感謝のうちに全部、まるごと受け取って、はるかに大きな喜びの中に、力強く生きようではありませんか。信じるだけ持つことができることは、私たちがもっと信じて、もっと豊かに生き、もっと逞しく伝道する力になるでしょう。

約束する神

三章一五―二二節

兄弟たち、分かりやすく説明しましょう。人の作った遺言でさえ、法律的に有効となったら、だれも無効にしたり、それに追加したりはできません。ところで、アブラハムとその子孫に対して約束が告げられましたが、その際、多くの人を指して「子孫たちとに」とは言われず、一人の人を指して「あなたの子孫とに」と言われています。この「子孫」とは、キリストのことです。わたしが言いたいのは、こうです。神によってあらかじめ有効なものと定められた契約を、それから四三〇年後にできた律法が無効にして、その約束を反故にすることはないということです。相続が律法に由来するものなら、もはや、それは約束に由来するものではありません。しかし神は、約束によってアブラハムにその恵みをお与えになったのです。では、律法とはいったい何か。律法は、約束を与えられたあの子孫が来られるときまで、違犯を明らかにするために付け加えられたもので、天使たちを通し、仲介者の手を経て制定されたものです。仲介者というものは、一人で事を行う場合には要りません。約束の場合、神はひとりで事を運ばれたのです。

それでは、律法は神の約束に反するものなのでしょうか。決してそうではない。万一、人を生かすことができる律法が与えられたとするなら、確かに人は律法によって義とされたでしょう。しかし、聖書はすべてのものを罪の支配下に閉じ込めたのです。それは、神の約束が、イエス・キリストへの信仰によって、信じる人々に与えられるようになるためでした。

キリスト教信仰は、聖書の伝えるイエスを主キリスト、また御子なる神と信じます。これによって、主イエスが今日も私たちと共におられ、主イエスによって神が私たちと共におられると信じます。この信仰は、人間が自分の力で律法を実行して救いを獲得する律法主義とはまったく異なるものです。律法主義は、人間の力や業績にものを言わせるでしょう。考えてみますと、今日、社会はいたるところで律法主義になっているとも言えるのではないでしょうか。結果を出すことが重要と言われるのはその現れではないでしょうか。

ガラテヤの諸教会に律法主義が説かれるようになり、キリストの福音を信じるだけでなく、同時に割礼を受けなければならない、律法を遵守しなければならないと考える人々が出てきたことは、すでに何度か話しました。今朝の聖書の箇所は、この律法と福音の問題について、もう一つ重大なことを語って、福音の意味を明らかにしています。それは、神は「約束する神」で、その約束は変わることがないという点です。私たちの信仰生活の中で、「神の約束」はどのようなときにも変わらないという事実が力を持っているでしょうか。どれだけ持っているでしょうか。信仰は、神の約束に信頼し、約束された賜物を感謝します。今朝はこのことを御言葉から聞きたいと思います。

「約束」というのは、ここでは、アブラハムとその子孫に対して与えられた約束を意味しています。創世記一二章にアブラハムに対する神の約束が記されています。「あなたを大いなる国民にする」という「子孫繁栄」の約束があり、同じく「あなたの子孫にこの土地を与える」という「土地贈与」の約束がありました。パウロはこれを指して、そこで「あなたの子孫に」と言われているのは、キリストを指していると言います。つまりキリストと結びつけてアブラハムに対する神の約束を理解しました。そうしますと、アブラハムに与えられた約束は、ただイスラエルの民の繁栄やカナンの土地の問題ではなく、それを遥かに越えて異邦人も含んで、キリストを信じる信仰の人々がだれでも受ける約束であり、その内容もカナンの土地取得を越えて、神の相続、御国の相続のこととして理解されます。

そうなりますと、「救い」はこの約束された相続にあずかることと言うことができるでしょう。人間がやりくりして獲得する律法主義の問題ではなく、約束され、賜物として与えられる相続による救いがある、信じてそれを受け取ることができる。それが福音であると言うのです。人間の努力や功績は、他の文脈ではともかくとして、救いを決する決定的なところでは何の問題にもなりません。もし人間の救いがその人自身の功績にかかっていると言うなら、救いを約束する神はいないことになるでしょう。逆に、神が約束してくださるのであれば、人間の功績は救いの条件になりません。「約束の神」は恵みの神であって、人間の功績に依存しない神です。

約束が律法に対していかに優っているかということをパウロはくどいと思われるほどに説明しています。一つの説明は、約束の方が先にあったという説明です。後から来た律法は約束を無効にすることはできない、その意味では法律的に整った人間の遺言と似ていると言います。神の約束は変わることなく貫かれると言うのです。約束の方が先だというのは、律法は約束の「四三〇年後に」はじめてできたからと説明されます。なぜ「四三〇年後」かと言いますと、出エジプト記（一二章）に「イスラエルの人々が、エジプトに住んでいた期間は四三〇年であった」（一二・四〇）という箇所があって、そこからきているわけです。私たちの聖書はヘブライ語聖書から訳されていますが、パウロはここでヘブライ語聖書でなく、ガラテヤ地方の人々にも読まれていたギリシア語訳、いわゆる「七十人訳聖書」に基づいていることが分かります。

「七十人訳聖書」によると、その箇所はアブラハムが約束を受けてから、アブラハム、イサク、ヤコブと続いてカナンに住居し、それからエジプトに滞在したわけで、それらを合わせて四三〇年という意味で記されているからです。

約束が律法に優るもう一つの理由はさらに重大です。それは、律法が「天使たちを通し」、また「仲介者の手」、つまりモーセの手を経て制定されたのに対し、約束の方は神自らが約束したと言うのです。律法が「天使たちを通して」与えられたというのは、律法がどんなに優れているかを表現しようとしたユダヤ教の伝統的な言い方でした。しかしパウロは「天使たちを通して」というのは決して優れた点にならない、むしろ律法の劣ったところになると見ました。約束の方は「天使を通して」でも「仲介者」を通してでもなく、神ご自身によって与えられたからです。「仲介者というものは、一人で事を行う場合には要りません。約束の場合、神はひとりで事を運ばれたのです」(二〇節)と言われます。

「神はひとりで事を運ばれた」というのは「神はひとりである」という文章です。「神は唯一」「神のみが神」という文章です。それを「神はひとりで事を運ばれたのである」と訳しました。神お一人が神である。神のみが神である。そこに他の何ものにも依存しない神の変わらぬ約束の根拠があるわけです。「約束」は、唯一の神御自身が御自身の自由な意志によって結ばれました。ですから約束は神以外の何ものにも依存しません。天使にも仲介者にも依存せず、約束の相手とされた私たち人間の業績にも依存しません。神御自身が自由な憐みによって、恵により、愛によって約束してくださり、約束されたことを時満ちたときにお与えになります。律法主義は律法を実行する人間を結局のところ主にせざるを得ません。しかし神の約束は、神こそが主であり、人間はただ神を信頼し、その約束の賜物を感謝して受けるだけです。神は約束をアブラハムに与え、イエス・キリストによる贖いを通して、私たちをその約束にあずかるものにしてくださいました。約束されたことは無償で与えられます。それが福音です。

約束の内容は「相続」だと申しました。「相続が律法に由来するものなら、もはや、それは、約束に由来するものではありません。しかし神は、約束によってアブラハムにその恵みをお与えになったのです」（一八節）とある通りです。「相続」が約束されたということは、「神の相続人」にされたことで、「神の子」にされたことを意味します。さらに二一節には律法について、律法は人を生かすことができず、人を義としないと言われています。それは「人を生かし、義とする」のは律法でなく、「神の約束」であると読み取れます。「命」も「義」も「神の約束」によるものだからです。

約束することは、関係を築くことです。人と人との間で言えば、愛や信頼がなければ約束は生まれないでしょう。約束がなされるとき深い関係が現れます。神は、私たちとの間に深い関係を築いてくださったのです。私たちは言うまでもなく、その約束に対して相応しい相手ではありません。しかし神は愛と信頼を表わして、私たちを約束の相手にしてくださいました。約束の相手にされることで、神が共にいてくださり、私たちは「生かされ」、そして「義とされ」

ます。神と結ばれるとき、私たちは生きていると言えるのです。神と結ばれるとき、義とされてもいます。神の約束が人を義とし、生かすからです。

律法主義は現代の社会の中にもあるのではないかと申しました。神を信じない社会は、ただ人間を主にした生き方にならざるを得ないからです。しかしその結果は「命」と「義」を失うことになります。最近、少子化問題について政府の中で語られたと新聞に載っていました。現在の経済力を維持するためには少子化のままではいけないと語られたと言うのです。一般によく聞く話です。しかし出産や子供の新しい命を、経済力維持の手段のように語るのはおかしくはないでしょうか。経済手段として出産問題を語るのは、はっきり言って異常です。少なくともそう語る時は、その異常性に気づきながら語るのでなければならないでしょう。人間は、経済効果のために生まれてくるわけではないからです。人間は愛なしに生まれて、人間として育つことはできません。経済力の達成を第一にしたら、人間の業績第一主義になり、一種の律法主義に傾斜します。この視点からでは「命」や「義」について、また本当の「救い」について正しく語ることはできないでしょう。最近また、タイで何人もの代理母を使って一五人の乳幼児を持った二四歳の日本人男性の話が話題になりました。何人もの代理母によって一五人もの子供を産ませたのは、人身売買のためか、そうでないとすれば相続税や贈与税の対策かと疑われています。経済第一主義のなれの果ては、人命までも道具にする道徳の崩壊ではないでしょうか。

生命の尊さも、人間存在の真の意味も、そして本当の人間の救いも、人間を主にした業績主義からは出てこないでしょう。「神はひとりで事を運ばれたのである」と言われる神の変わらぬ約束を信じるときに、人間が生かされ、義とされ、救いに入れられるのは、神の恵みによると知らされるのではないでしょうか。神が約束によって関係を築いてくださることの中に、人間の問題の解決はあります。神が神であること、その神が約束の神でいてくださることを感謝したいと思います。その約束に神はキリストの贖いを通して無償で私たちを入れてくださいました。神は神の子とし、神の相続人、御国の相続人とするとの約束にキリストの贖いを通して私たちを加えてくださいました。この福音がガラテヤの諸教会を救うと共に、現代の社会を救う福音として伝えられなければならないでしょう。この世界の中に、神の約束の言葉を聞き続ける教会とキリスト者がいなければならないでしょう。

信仰が来た

三章二三―二九節

　信仰が現れる前には、わたしたちは律法の下で監視され、この信仰が啓示されるようになるまで閉じ込められていました。こうして律法は、わたしたちをキリストのもとへ導く養育係となったのです。わたしたちが信仰によって義とされるためです。しかし、信仰が現れたので、もはや、わたしたちはこのような養育係の下にはいません。

　あなたがたは皆、信仰により、キリスト・イエスに結ばれて神の子なのです。洗礼を受けてキリストに結ばれたあなたがたは皆、キリストを着ているからです。そこではもはや、ユダヤ人もギリシア人もなく、奴隷も自由な身分の者もなく、男も女もありません。あなたがたは皆、キリスト・イエスにおいて一つだからです。あなたがたは、もしキリストのものだとするなら、とりもなおさず、アブラハムの子孫であり、約束による相続人です。

信仰とは何でしょうか。もう長く信仰生活を送っている方もおられますし、信仰を求めて、今朝、この礼拝に出席している方もおられるでしょう。信仰とは何かという問題は、誰にとっても重大な問題です。「家族や子供たちにあなたは何を残すか、残したいか」と問われ、色々思いめぐらしたあげく、信仰を残したい、信仰以外に残して意味のあるものはないと思い至ることがあるのではないでしょうか。信仰とはそういう問題です。

今朝の聖書の箇所は、信仰について他に見られない仕方で語っています。「信仰が現れた」（二三、二五節）と言っているのがそれです。二五節には「しかし信仰が現れたので、もはや、わたしたちはこのような養育係の下にはいません」と言います。「信仰が現れた」というのは「信仰が来た」という言葉です。信仰が来るまでは、律法のもとに監視され、閉じ込められていました。しかし信仰が来たので、もはやそのような養育係のもとにはいないと言います。「養育係」は適切な訳語とは思えません。と言いますのは、「養育係」という言葉から誰も暗いイメージを思い描くことはないからです。最近の養育係や教育者は、子供たちに笑顔で接します。しかしここに用いられているキリストが来るまでの間、律法が務める「養育係」は、もっと暗いイメージの言葉です。新約聖書の時代、家の奴隷の仕事として、その家の子供たちを監視する役目がありました。険しい顔つきで鞭をもって子供たちを監視し、恐怖を与えました。「閉じ込められていました」と言われている通りです。しかし「信仰」が来て、養育係の監視下にいた暗い時代は終わったと言うのです。「信仰が来た」とは、イエス・キリストが来られたことです。キリストが来て、すべては新しくされ、現実全体が変わったと言われているのです。律法の支配によって監視され、監禁されていた状態は終わり、自由に解き放たれた時代が来ました。

パウロはそれを「信仰が来た」と表現しました。この語り方はほかには見られません。キリストが来たことで現実が変わり、そのキリストに根拠を持った新しいあり方が神の賜物として与えられました。それが信仰です。キリストが来たのは、信仰が来たことだと言うのです。新しい現実と新しい生き方が現れました。ですから、信仰はただ私たちの気の持ち様のことだとは言われていません。大事なのは私たちの精神的態度とも語られていません。私たちの心や精神に重心があるのでなく、信仰は私たちの外に根拠を持っています。「キリストが来られたので信仰が来た」というのは、根拠はキリストにあって、キリストの到来によって私たちも含めて世界全体を規定する神の新しい現実が来たことです。信仰はこのキリストにあること、キリストの中に自分を持つことと言ってよいでしょう。自分も、自分の重荷も自分自身の中に持たず、キリストの中に持ちます。それができるのは、キリストが来たからで、キリストが来たことによって与えられた神からの賜物が信仰です。

そうなりますと、真っ先にあるのは、キリストが来たことであって、私たちが信じていることではないでしょう。信仰があるかないか分からないのがむしろ私たちではないでしょうか。しかし神がキリスト・イエスを到来させ、キリストが私たちと共にいてくださいます。信仰は、キリストに共にいられること、キリストに伴われること、そしてそのことに感謝していることです。

日本語の表現で「イワシの頭も信心から」と言われます。イワシの頭のようなつまらないものも信心次第で有り難く思えると言うのでしょう。それだけ私たちの信心が重大だと考えるのでしょう。私たちの外がどうあれ、私たちの内が重要というわけです。内に信心があれば、外はイワシの頭であれ、何であれ、構わないということです。信心次第でどうにでもなると言わんばかりです。「心頭滅却すれば火もまた涼し」と言うのもそうでしょう。それが信仰の極意のように言われます。心頭を滅却させるほどの一途な精神の働きが内にあれば、外にどんなに熱い炎が燃え盛ろうと、涼しく耐えられると言います。それは精神の荒行のようなものです。

しかし今朝の聖書が語っている信仰はまったく違います。一途な純粋な気持としての信仰は、聖書にも語られなくはないのですが、それが真っ先に語られ、それしか語られないということは聖書の信仰にはありません。今朝の聖書箇所はそう言いません。一途な気持は、かなりの無理を重ねる精神の荒行になって、かえって律法主義になります。心を凝り固まらせ、執念を持って思いつめる精神的な荒業は、キリスト教信仰とは大きく異なると言うべきでしょう。キリスト教信仰にとっては、むしろ私たちの外で起きていることが重大です。私たちがどうあれ、主イエス・キリストが来られたのです。キリストが到来し、キリストが共にいてくださる現実になりました。それによって神がわれらと共におられると言えるようになったのです。その現実ゆえに「キリスト・イエスにある」ことが神の恵みの賜物として与えられました。それが聖書の言う信仰です。

キリスト到来後の人間のあり方は「キリスト・イエスにある」あり方です。それが信仰と言われ、それによって皆「神の子（たち）なのです」と言われます。「神の子」と言う言葉の中に、閉じ込められていない自由が表現されています。なぜなら神との喜ばしい関係が表現されているからです。キリスト・イエスにあることで、神に対して父と子の関係になったのです。「キリスト・イエスに結ばれて」（二六節）とあるのは、「キリスト・イエスにあって」という言葉です。「キリスト・イエスにある」ことで「神の子たち」と言われます。「神の子たち」とは、イエス・キリストが「御子」と言われる、その「子」という言葉の複数形ですから、キリストにあってキリストのように子とされました。キリストの兄弟とされ、神の子たちにされたという意味合いが含まれています。「神の子たち」と言うのは、何ものによっても引き裂かれない愛の親密な関係が、キリスト・イエスにある私たちと神との間に打ち建てられていることを意味します。

「神の子」とされたことが分かれば、信仰のこと、救いのことはもう完成で、それ以上何の不足もありません。「神の子」とされたなら、救いは完成されたことになります。ですから「神の子」とされたことは、救いの最後の表現と言ってよいでしょう。その最後のことが「キリスト・イエスにあって」起きているというのです。

「キリストに結ばれた」という表現が二七節にも記されています。「洗礼を受けてキリストに結ばれたあなたがた」という言葉です。しかしここは二六節の「キリストにあって」とは言葉が違います。「キリストの中へ」という言葉で、動きが表現されています。それが「洗礼を受けた」ことです。洗礼はキリストの中へと洗礼されたのです。キリストが来たという現実の中に洗礼によって入れられたのです。そして「神の子たち」にされました。「神の子たち」にされた救いの素晴らしさは、「もはやユダヤ人もギリシア人もなく」という仕方で表現されています。「キリスト・イエスにあって」は、すべての差別は重大でなくなっています。律法は、割礼を要求し、律法の遵守を求め、ギリシア人からユダヤ人へと変わることを要求します。ギリシア人のままの人とユダヤ人は共に食事をすることが許されません。人間が決め手になると、どうしても差別することが重大になり、競争と共に、分裂や紛争が生じます。しかし救いは、人間によらないのです。キリストが来て、キリストにあるあり方、信仰が現れました。もはや監視や監禁の状態にいません。キリストにあって、神の子たちとされた中では、差別は意味のないものになっています。違いが一切なくなったわけではないのですが、それが究極のものでなくなりました。重大なことでもなくなったのです。「キリスト・イエスにおいて一つだからです」（二八節）。

「キリスト・イエスにある」ということに、重大なことの一切がかかっています。キリスト・イエスにある、つまり自分をキリスト・イエスの中に持っている。それがキリストを信じ、キリストを信頼していることです。キリスト・イエスの中に自分を持つことで、差別は深刻な相違でなくなりました。キリスト・イエスにあることで神の子たちにされ、一つにされたからです。洗礼を受けたのは、キリストの中へと洗礼されたのです。

これから聖餐式にあずかります。キリストにある神の子たちの食事に加えられます。キリストにあずかり、何ものによっても神から切り離されることのない親密な交わりを経験し、解き放たれた自由の中で、私たちを隔てる一切のものは、重大なものでなくなっています。神の子たちとして主にあって一つにされた神の国の祝いの食事を現わす聖餐に感謝して、あずかりましょう。

キリストを着る

あなたがたは皆、信仰により、キリスト・イエスに結ばれて神の子なのです。洗礼を受けてキリストに結ばれたあなたがたは皆、キリストを着ているからです。そこではもはや、ユダヤ人もギリシア人もなく、奴隷も自由な身分の者もなく、男も女もありません。あなたがたは皆、キリスト・イエスにおいて一つだからです。あなたがたは、もしキリストのものだとするなら、とりもなおさず、アブラハムの子孫であり、約束による相続人です。

三章二六—二九節

この夏（二〇一四年）、日本基督教団主催の青年大会が行われました。そこに出席した青年たちの中から何人もの洗礼志願者が出ているといった報告が牧師たちの会合でなされました。皆、喜びを持って聞きました。洗礼式が行われることは素晴らしいことです。なぜ素晴らしいのか、そして洗礼とは何でしょうか。今朝の聖書は、洗礼について非常に重要な書き方をしています。そこに注意をして御言葉を聞きたいと思います。

重要な箇所は二七節です。「洗礼を受けてキリストに結ばれたあなた方は皆、キリストを着ているからです」とあります。ガラテヤの信徒たちの状況が信仰問題の試練に遭い、動揺していたことは、すでにお話してきました。エルサレムからやって来たユダヤ主義的な伝道者グループが、ガラテヤの人々が受けて信じてきた福音とは別の方向に指導したからでした。信仰が不安的になりました。そうなれば信仰の交わりにもひび割れが起こります。人々の生き方は動揺せざるを得ません。その人々にパウロは「あなたがたは皆、信仰によりキリスト・イエスに結ばれて神の子なのです」と語りかけます。別の教えに惑わされた人々、その結果自分が何者か分からなくなっている人々にも「あなたがたは皆神の子なのです」と語りかけたのです。さらに二八節では、キリストにあって神の子なので、もはやユダヤ人もギリシア人もないと語りました。そうなれば、割礼を受けて、まずユダヤ教に改宗するといったことも、不必要なことで問題にならないことです。「キリスト・イエスにおいて神の子」であれば、キリストのものとして皆一つであり、「とりもなおさず、アブラハムの子孫であり、約束による相続人」と言われます。この段落二六節から二九節までが一続きの文章として記されていることが分かります。その中で二七節はそのように語られている内容の根拠を記しています。「キリストを着ているからです」の「からです」(gar) という言い方が、理由や根拠を示していると分かります。「あなたがたは皆、信仰により、キリスト・イエスにあって神の子です」と言うことのできる理由は何か、その理由を二七節は二つの言葉で語っています。一つは「洗礼を受けてキリストに結ばれた」と訳されていること、直訳すると「キリストの中へと洗礼された」ということです。そしてもう一つはそれを言い換えた「キリストを着ている」という表現です。何があろうと、皆の信仰がたとえぐらつくようなことがあろうと、「あなたがたは皆神の子です」、そして信仰の群はキリストにあって一つにされています。その理由は、キリストの中へと洗礼され、つまりはキリストを着ているからと言うのです。

「キリストを着ている」という表現は興味深く、これがしっくりと身についたなら洗礼の素晴らしさが分かるのではないでしょうか。ですからこの箇所をもう一度説教の箇所として味わいたいと思います。パウロは恐らく初代教会の洗礼の伝統に結び付きながら、このことを語っています。初代教会では洗礼を受けた人は新しい白い衣を着せられたと言われます。その洗礼の仕方も踏まえながら、キリストの中に洗礼されたことはキリストを着ていることと言うのです。それだから神の子なのだと語っています。洗礼を受けた人は、皆、主キリストとの密接な結びつきの中に入れられます。誰であれ、キリストへと洗礼された人は、キリストの恵みの力の領域に移され、キリストに属するものとされます。キリストの体に加えられ、その一部になります。このキリストとの親密な関係が、その人を「神の子」とするわけです。そしてこの親密な関係を言い表すために「キリストを着ている」と言われました。救い主を着て、救い主に包まれている関係ということです。

ガラテヤの信徒への手紙で洗礼について明白に語っているのはここだけです。しかし類似の表現は他の手紙にも多く見られます。洗礼によって「新しい人を身に着ける」（エフェ四・二四）と語られている手紙もあります。「キリストを着る」と同じ表現をパウロはもう一箇所、ローマの信徒への手紙（一三・一四）でもしています。「闇の行いを脱ぎ捨てて光の武具を身に着けましょう」と言われている文脈です。キリストを着るといういわば信仰者の衣装問題、あるいは信仰者の衣装としてのキリストは、洗礼においてキリストを着ると共に、それだけでなく試練や誘惑との戦いの中で闇の行いを脱いで「キリストを身につけなさい」と言われます。洗礼の用法と共に、それとは異なった倫理的な勧めの用法があるとも言えます。洗礼においてキリストを着たことは、日々の生活の戦いの中で具体的に道徳的な力としても発揮されると言うことができるでしょう。キリストへと洗礼され、キリストを着ていることは、キリストの恵みの力の領域に移され、キリストの救いによって身を包まれることですから、それは同時にキリストの力やキリストの義、キリストの愛や忍耐によって身を包まれることでもあります。キリストを着ることがキリスト者の地上の人生を試練や誘惑の中で守らないはずはありません。洗礼によって身にまとったキリストが、キリスト者の日々の歩みを守ります。

このキリストを着るという表現には、当時のヘレニズムの神秘的宗教の影響があると言われます。聖書注解者たちのいろいろな議論がなされています。しかしその中で、洗礼によってキリストを着るという生き方の背後には旧約聖書の伝統があることも忘れてはならないでしょう。旧約聖書において「着る」ことは、すでに興味深い重要な表現として用いられていました。その一つ、イザヤ書六一章一〇節に注目したいと思います。「わたしは主によって喜び楽しみ、わたしの魂はわたしの神にあって喜び躍る。主は救いの衣をわたしに着せ、恵みの晴れ着をまとわせてくださる。花婿のように輝きの冠をかぶらせ、花嫁のように宝石で飾ってくださる」。キリストへと洗礼され、キリストを着ているのは、「救いの衣」を着せられたのです。神が「恵みの晴れ着」をまとわせてくださったのです。ですからキリストの中へと洗礼され、キリストを「救いの衣」として着た人は、キリストとの密接な関係に入れられ、そのために神の子とされたのですから、「主によって喜び楽しみ、神にあって喜び躍る」でしょう。私たちは、洗礼以来キリストを着ています。キリストを着て今日に至っています。それによって神の子とされ、どんな時にも、根本的には喜び楽しみ、喜び躍る信仰者の人生を生かされています。

キリストを着る、キリストを身にまとうということをガラテヤの信徒への手紙の文脈を越えて、さらに聖書全体の文脈の中で受けとめてみたいと思います。アダムとエバは、罪に堕ちたとき神の前から身を隠しました。罪ある自分たちは裸で神の御前に出られないと感じたからです。神の前に何を身にまとって出たらよいのかという問題があるでしょう。人類始祖の問題は私たち誰もの問題です。神はエデンの園からアダムとエバの二人を追放するとき、皮の衣を作って着せたと言われます。何を身にまとうかは堕罪以来の人間の問題なのです。キリストを身にまとうことは、「第二のアダム」であるキリストによる罪の赦しを身にまとうことです。パウロは洗礼によってキリストと共に罪に死に、新しい命に生きる、キリストと共に神に対して生きるとも語りました（ロマ六・八）。キリストを身にまとうということの意味の大きさを思わせられます。

キリストを身にまとうことは、聖書全体の文脈で言うと、最後の備えでもあります。キリスト者の死生観を問われたら、私はキリストを着る、キリストを身にまとって死に臨むと答えたいと思います。それが神の子とされていることだからです。さきほどのイザヤ書の言い方で言えば、神が「恵みの晴れ着」としてまとわせてくださったからです。主イエスが天の国を婚宴に譬えて語られたことが福音書に記されています。王が王子のために婚宴を催し、家来たちを送り、招いておいた人々を呼ばせたが人々は無視して来なかったという話です。そこで町の大通りに出て、誰でもいいから連れて来なさいと言われたというのです。見かけた人は善人も悪人も皆集めて来たので婚宴は客でいっぱいになりました。しかしそこに婚礼の礼服を着ていない者が一人いたため、「この男の手足を縛って、外の暗闇にほうり出せ」、「招かれる人は多いが、選ばれる人は少ない」（マタ二二・一三）と言われました。神の国は祝いの筵ですが、それはまた最後の審判をくぐるときでもあります。礼服を着ないでどうして神の国の祝いの中に、つまり神の御前に出られるでしょうか。そのためにこそ神は「恵みの晴れ着」を着せてくださっています。キリストを着ている、キリストを身にまとっている。それは恵みの晴れ着であり、婚宴の礼服です。そしてそれこそ私たちの「死に装束」でもあるでしょう。私たちはキリストの中へと洗礼され、キリストを身にまといました。この一事によってどこまでも行き、最後の最後まで行くことができます。

時満ちての御子の派遣

四章一—七節

つまり、こういうことです。相続人は、未成年である間は、全財産の所有者であっても僕と何ら変わるところがなく、父親が定めた期日までは後見人や管理人の監督の下にいます。同様にわたしたちも、未成年であったときは、世を支配する諸霊に奴隷として仕えていました。しかし、時が満ちると、神は、その御子を女から、しかも律法の下に生まれた者としてお遣わしになりました。それは、律法の支配下にある者を贖い出して、わたしたちを神の子となさるためでした。あなたがたが子であることは、神が、「アッバ、父よ」と叫ぶ御子の霊を、わたしたちの心に送ってくださった事実から分かります。ですから、あなたはもはや奴隷ではなく、子です。子であれば、神によって立てられた相続人でもあるのです。

今朝は降誕節第一主日の礼拝を迎えました。降誕節第一主日の聖書箇所はいくつかありますが、お読みいただいたガラテヤの信徒への手紙四章一節から七節もその一つです。ここには使徒パウロによるクリスマスの記述があります。言うならば、「パウロが記したクリスマス」の聖書箇所です。クリスマスとは何か、どのように起きたか、誰がそれをもたらしたか、さらにはクリスマスの目的は何であったか、その目的はどのように達成されたかが記されています。短い箇所ですが、きわめて行きとどいた仕方で、使徒パウロによるクリスマスの記述があると言うことができるでしょう。

クリスマスはどなたによって、どのように、また何のために起きたのでしょうか。すでに語られてきましたように、ガラテヤの信徒たちは、信仰の動揺に巻き込まれていました。割礼を受けて律法を守るように強く求める伝道者たちによって信仰の歩みが分からなくなっていました。信仰が不安定になれば、生活全体があやふやになります。その人たちに、パウロはクリスマスが何のためであったかを語りました。私たちの信仰と生活が不安定になったとき、クリスマスは何のためであったかを御言葉から聞く必要があります。

四節にこう記されています。「しかし、時が満ちると、神は、その御子を女から、しかも律法の下に生まれた者としてお遣わしになりました」。「しかし」とあるのはそれ以前との違いを意味します。三節には「わたしたちも、未成年であったときは、世を支配する諸霊に奴隷として仕えていました」とあります。「しかし、時が満ちると、神はその御子をお遣わしになった」と言うのです。「お遣わしになった」という言葉は、ただ一度限りの出来事を表す動詞の形で記されています。「女から、しかも律法の下に生まれた者として」お遣わしになったとあります。「女から生まれた」、つまり私たちとまったく同じ人間として、「しかも律法の下に生まれた」と言われます。これがパウロの伝えるクリスマスです。

ここにはマリアの名もヨセフの名も記されていません。「飼い葉桶」の話もでてきません。けれども神が御子を私たち人間と同じ者として、しかも私たち人間が奴隷状態にあえぐ中に遣わされたことが、一度の決定的な出来事として語られています。クリスマスの本質が語られていると言ってよいでしょう。神がおられ、その神が御自身の御子を、人として、律法の下に生まれた者として派遣されました。それは律法の呪いの下におかれた奴隷状態の人間のためでした。さらには律法のない人間のためでもありました。律法のない人間もまた「世を支配する諸霊に奴隷として仕えて」いるからです。人間は律法に支配されるか、そうでなくとも世を支配する様々な力によって奴隷状態にあるとパウロは言います。現代人も例外でなく、抑圧的な諸力の支配下にあるのではないでしょうか。世界や社会の複雑な構造関係、世の空気や制度上の問題、民族主義的な、あるいは経済主義的な仕組みやその欲望といったもの、それらも抑圧的な諸力ではないでしょうか。日本の総理大臣はおろか、アメリカ大統領も手も足も出せない現実の固い支配構造があります。何としても変わろうとしないさまざまな力が働いて人間を圧迫しています。しかしその人間の苦難の現実の中に、神は御子を遣わし、その苦難を御自分のものとして受けとめ、その抑圧的な支配から私たちを取り戻してくださったと聖書は語ります。クリスマスは御子が私たちの中に遣わされ、御子の派遣を通して神ご自身が、私たちの問題を受けとめてくださった出来事です。

何のためだったのでしょう。聖書はクリスマスの目的を明確に語ります。「それは、律法の支配下にある者を贖い出して、わたしたちを神の子となさるためでした」。「贖い出して」と記されているのは、「買い戻す」という言葉で、御子の十字架の死による贖いを語っています。この手紙の三章一三節に「律法の呪いから贖い出してくださった」とあるのと同じ言葉です。クリスマスは何のためだったか、その目的は明らかで、律法の下にある者を贖い出すためであり、「わたしたちを神の子とするためです」。クリスマスの目的は、御子の十字架の死による贖いにあり、わたしたちが神の子とされることにあります。

「神の子」とされることは、神にとってかけがえのないもの、神の宝物にされることです。神が私たちと共に、私たちのためにいてくださり、私たちの存在を大きな喜びとしてくださいます。ジョン・ウェスレーは臨終の床にあって「もっともよいことは神が共にいてくださることだ」と言ったと伝えられています。メソディスト運動のリーダーとして八八年の長い人生を生きた人です。色々な苦難や労苦があり、またさまざまな喜びの経験もあったに違いありません。しかしあらゆることの中でもっともよいことは「神が共にいてくださること」と言ったのです。神が共にいてくださることはすでに救いです。

私たちは神にとってかけがえのない宝である「子」とされました。クリスマスはそのためでした。しかし「わたしたちが子とされた」ということはどうして分かるのでしょうか。それは分かると、パウロは言います。「あなたがたが子であることは、神が、『アッバ、父よ』と叫ぶ御子の霊を、私たちの心に送ってくださった事実から分かります」(六節)と言います。私たちは「アッバ、父よ」と叫びます。「叫ぶ」というのは、大きな声を挙げて呼ぶことです。呼んで願い求めることです。願い求めて祈ることです。「神の子とされた」のは、もう何も願い求めることがなく、涙することもない、欠けのない完全状態に入れられたことではありません。私たちはなお悩み、苦しみ、圧迫を受け、病にも撃たれます。

苦しい状態にあることは救われていないことではありません。その中で神に叫び求めることができるからです。イスラエルの民はエジプトで抑圧されて悩んだとき、神に叫んだと言われます。「彼らが、抑圧する者のゆえに、主に叫ぶならば、主は彼らのために救助者を送り、彼らを救われる」とイザヤ書にあります(一九・二〇)。しかし「主に願い求める叫び」は、今や、「アッバ、父よ」と叫ぶ祈りになりました。それが私たちの祈りであり、私たちの礼拝です。

初代教会の礼拝では、「アッバ、父よ」という叫びがあちらこちらで挙げられたと言われます。「アッバ」、「父よ」、「私の父よ」と叫ぶことはもともとユダヤ教にはありませんでした。

それは主イエスが祈った祈りの呼びかけで、御子キリストの霊による叫びです。父と御子の間には何ものによっても切り離されない関係があって、その中に私たちも主の贖いを通して入れられました。それで私たちも神の子とされて「アッバ、父よ」と祈りながら礼拝してよいのです。「アッバ、父よ」、それは、クリスマスが目的とした神による救いの中に入れられた者の祈りです。

「御子の霊を私たちの心に送ってくださった」と言われます。「送ってくださった」という言葉は、四節の「御子をお遣わしになりました」と同じ言葉です。御子の派遣と聖霊の派遣が、同じ言葉で、同じく一回性を表す形で記されています。クリスマスは一度だけです。それが目的とした十字架の贖いの死も一度だけです。一度で永遠の意味と効力を持った恵みの出来事です。しかし聖霊は何度も私たちの心に注がれるのではないでしょうか。それなのにここで同じく一回的な派遣として聖霊が語られているのはなぜでしょうか。それは明らかに洗礼が意味されているからです。洗礼のとき決定的な一回性において御子の霊が派遣され、私たちは神の子とされたのです。御子の派遣があり、つまりクリスマスと十字架の贖いがあって、私たちは神の子にされました。それが私たちに実現したのは、洗礼によってキリストの中に入れられ、御子の霊を注がれたからです。それが「アッバ、父よ」の祈りの根本にあることです。

クリスマスの目的は、十字架の死をもって律法の支配下にある私たちを贖い出すためでした。そして私たちを神の子とするためでした。それが洗礼を通して御子の霊が送られながら、私たち一人一人に実現しました。ですから、クリスマスの目的の中には、私たちの洗礼も含まれています。私たちが洗礼を受けて主イエスの贖いにあずかり、神の子とされる。そのためにクリスマスがあったわけです。クリスマスでの御子の派遣と洗礼での聖霊の派遣があり、それを根拠として「アッバ、父よ」と叫ぶ私たちの祈りと礼拝の生活が成り立ちました。

「しかし時が満ちると」と記されていました。「時の充満が来たとき」という言葉です。時の充満が来れば、空虚な時は終わります。空虚であった私たちの奴隷状態の時は終わります。「あなたがたはもはや奴隷ではなく子です」。子とされて過ごす一瞬一瞬は、何があっても決して虚しくはありません。時の充満がもう来たのです。神が御子を遣わされたとき、時の充満が来たのです。律法の支配下に虚しく過ごす時は終り、世を支配する諸々の力の下に無意味に抑えられた時も終っています。御子が到来し、キリストの恵みの支配と御子の霊の力のもとにおかれ、「アッバ、父よ」と叫ぶ、時満ちた中にすでに入れられています。意味のある、希望に満ちた時の充満の中で生きることができます。それが私たちの礼拝生活です。この礼拝生活を新しい年も生きて行こうではありませんか。この礼拝生活の中に新しい人々がやって来ます。時満ちた恵みの中で、それは当然そうでなければならないでしょう。私たちは喜んで迎え入れたいと思います。

しかし、今は神を知っている

四章八―一一節

ところで、あなたがたはかつて、神を知らずに、もともと神でない神々に奴隷として仕えていました。しかし、今は神を知っている、いや、むしろ神から知られているのに、なぜ、あの無力で頼りにならない支配する諸霊の下に逆戻りし、もう一度改めて奴隷として仕えようとしているのですか。あなたがたは、いろいろな日、月、時節、年などを守っています。あなたがたのために苦労したのは、無駄になったのではなかったかと、あなたがたのことが心配です。

信仰というのは、時には何を信じているのかはっきりしなくて、頼りないもののように思われるときがあります。しかしキリスト教信仰は主イエス・キリストにあって神を信じることで、神を知っていることは決定的なことではないでしょうか。今朝の聖書が「しかし、今は神を知っている」と言うのは、そういう確かな地点に立っていることを表しているでしょう。新しい年を迎えました。思えば、それぞれに問題を抱え、重荷や課題を抱えながら新年を迎えたことでしょう。「しかし、今は神を知っている」。この信仰によって支えられ、新しい年を前進していきたいと思います。

今日の聖書の箇所は、「救い」についてこれまでに十分と言ってよいほど書くべきことを書いてきたパウロが、もう一度語調を変えて書き始めている箇所です。「ところで、あなたがたはかつて、神を知らずに、もともと神でない神々に奴隷として仕えていました」と言います。「かつて」というのは、ガラテヤの人々が福音信仰に入る以前のことを指しています。かつては神を知らず、神でないものに支配され、奴隷として仕えていた、それがあなたがたの状態だったと言うのです。今では、そのガラテヤの人々はキリストの福音を信じる者にされたのです。しかしそれなのに、ユダヤ主義や律法主義に誘われ、信仰問題で迷っています。それはかつて異教の中にいたときに「逆戻りする」のと同じではないかとパウロは言います。キリストの福音だけでは物足りないとして、何か人間の業を加えるとすれば、それは福音信仰以前の状態への逆戻りだと言うのです。「なぜ、あの無力で頼りにならない支配する諸霊の下に逆戻りし、もう一度改めて奴隷として仕えようとしているのですか」とパウロは尋ねます。福音信仰だけに生きることに不足を感じ、割礼や律法を付け加えるなら、実は律法の支配下に身をおくことになり、律法の奴隷になることです。それは異教の神々に仕えていたかつての状態と同じ奴隷状態に陥る、律法主義も世の支配する諸霊も同じではないかと言うわけです。

「支配する諸霊」（九節）という言葉は、「世を支配する諸霊」（四・三）とも言われています。「世の諸力」（「コスモスのストイケイア」）という言葉です。「あの無力で頼りにならない世の諸力」と言われます。それは人間を抑圧して奴隷状態にするのですが、救いの観点からすると、無力で頼りになりません。「無力」というのはそれ自体が腐敗し、人々を腐敗から助け出せないと解釈されます。「頼りにならない」というのは、「貧しい」ことで、救いの賜物を何も与えることができないということです。異教の神々とユダヤ教の律法主義は、非常に違うように見えます。一方は多神教で、他方は一神教の律法主義です。しかしパウロは、それらを同じ「世の諸力」と言いました。どちらも腐敗し、救いの賜物を与えることができません。キリストの十字架の福音はそこから私たちを贖い出し、私たちを神の子とし、神の国の相続人にしたと言うのです。「あなたはもはや奴隷ではなく、子です」（四・七）。それが福音の事実です。それに対し、世の諸力は再び隷属させようとします。神の子の自由に生かす力がないからです。それなのになぜそこに逆戻りをするのですかと問うのです。

「今は、神を知っている」（九節）。これが境界線です。「今」というのは、信仰によりキリストにある今です。洗礼によって聖霊の派遣を受けて「アッバ、父よ」と叫ぶ今です。今は、神を知っています。ですから神でない神々に奴隷として仕えていた時は、終わっています。今はもはや奴隷でなく、子です。それがキリスト者です。キリスト者というのは、「しかし今は、神を知っている」と言うことのできる人のことです。神を知ることによって、世界のことも人生のことも本当の意味で知る人のことです。憐れみの神が共にいてくださることによって、私たちは本当の人生を知り、本当の世界も知るでしょう。神を知らなければ、神ならぬ世の諸力の支配下に隷属するだけで、世界も人生も本当には知らないことになるでしょう。神を知っていることで、「世の諸力」から引き離され、神の子として自由にされます。

「世の諸力」は、異教の神々ですが、同時にユダヤ教の律法主義もそうでした。ガラテヤの人々は「いろいろな日、月、時節、年などを守っている」と指摘されています。ユダヤ教の律法主義による安息日や仮庵の祭りなどの守り方、あるいはニサンの月、ヨベルの年などのことでしょう。それを守る姿は、福音信仰以前の異教の生活と同様ではないか、神々の祭儀の日や月、年中行事に服していたのと同じということでしょう。「神の子」でない奴隷の状態に見えます。

今日の私たちの生活の中にこれに通じる隷属的な生活がないでしょうか。現代もまた「世の諸力」の下にいるのではないでしょうか。主イエスが十字架の贖いをもって私たちを助け出してくださった「世の諸力」は何でしょうか。日本社会には福音以前の宗教的風習がなお力を発揮しています。社会生活の中にも、新聞やテレビを通しても「世の諸力」が力を奮っています。日本社会は毎年、箱根駅伝が行われるたびに「山の神」が登場してくる社会です。日本だけではありません。宗教的な嫌がらせをするべきでありませんが、預言者を漫画で風刺するなど許さない、テロによって爆破すると言うのでは、それもまた奴隷状態ではないでしょうか。「世の諸力」の出現はさまざまです。福音による自由を生きる信仰の戦いはなお続いています。

無教会の信仰者南原繁は、政治学者でしたから、「国家」が神ならぬ神々になることを警戒しなければならないと記しました。戦後間もなく記された彼の文章にこういう言葉が出てきます。「或る時代または或る国民が、いかなる神を神とし、何を神性と考えるかということは、その時代の文化や国民の運命を決定するものである。……真の神が発見されないかぎり、人間や民族ないし国家の神聖化は跡を絶たないであろう」。真の神が発見されない限り、つまり神を知らなければ、人間や民族や国家が神ならぬ神々になる、そういう偶像支配は跡を絶たないと言うのです。「しかし、今は神を知っています」。それがどれほどのことかということでしょう。

私たち個人の生活の中でも、神ならぬ神々に隷属させられるときがあります。私たちが「悩み」に捉えられるとき、「病」に怯えるとき、「仕事」があらゆることの優先順位の第一を占めるとき、私たちは「世の諸力」の支配下、その奴隷になりかねません。社会の価値観や社会構造の縛りの中にも「世の諸力」は現れます。そこから自由にされなければなりません。病は病以上ではないはずです。仕事も仕事以上ではないでしょう。そのどれも神ではないのです。「しかし、今は神を知っている」。これが重大です。

そのとき、聖書はすぐさま「いや、むしろ神から知られている」と言い換えています。信仰は、私が第一の位置にあって神を知っているのではないのです。そうでなく信仰はむしろ、神から知られていることで成立しています。「神から知られている」のは、「神が御自分に属する者として私たちを知っていて下さる」ことです。この「知る」には、「選ぶ」という意味があるとも言われます。神が選んでくださっています。神から知られていることは、神に選ばれていることであって、神と私たちとの間に「交わり」が打ち建てられています。それによって私たちの方からも神を知るのです。神から知られているので、知られた者として神を知ります。私たちが知っているのが最初ではありません。それが根本ではないのです。私たちが知っているだけなら、まことに不十分です。信仰以前に逆戻りしかねないでしょう。しかし神から知られているなら、逆戻りはないでしょう。それは御子と御霊の派遣にもはや逆戻りがないのと同様です。「神から知られている」のは、御子をお遣わしになり、世の諸力の支配から贖い出してくださった神から知られ、選ばれていることです。御子と御霊の派遣によって、神の憐れみの中で知られ、選ばれています。神が共にいてくださることに何ものにも換え難い慰めと力があります。「神から知られている」というのは、「神の子とされている」ことです。神から愛され、選ばれていることで、もはや逆戻りはありません。

「神が愛である」ということは、必ずしも常に「実感」されていないかもしれません。先週、浜松の教会に招かれ、礼拝奉仕をし、その午後、講演会を行いました。質問を受け、それに答える機会がありました。色々な質問が用紙に書かれたものが集められました。その中に「神が愛であるということがなかなか実感できません。どうしたら感じられるでしょうか」という質問がありました。私も長い間、「神は愛である」という表現をよく耳にしながら、実感できない日々を過ごしてきました。それで私はその質問に答えたのですが、実感できなくてよいのではないか、しかし神が愛であることを絶大なこととして信じることですと言いました。「神は愛である」とは、神は私たちのために御子をさえ惜しまなかったということです。私たちを御自分の宝物にしてくださったということです。ガラテヤの信徒への手紙が伝えているように、神が私たちを子としてくださっているということです。それを信じて、「アッバ、父よ」と祈ることです。実感は後から、折に触れて来るにまかせてよいのです。そう答えました。御言葉を聞き、心暖まるときがあれば、それは神が愛だからです。今日、私たちがキリスト者として、あるいは信仰を求める求道者として、このように礼拝に共に集っているのは、神から知られ、神の赦しと導きによるのであり、それは神の愛の中にあることです。

「しかし、今は神を知っている、いや、むしろ神から知られている」。それは神に愛され、その愛の中で知られていることです。いまこの礼拝の中で、私たちは神を知っています。いや、むしろ神に知られています。世の諸力の支配から贖い出され、神の子の自由に生かされていきます。もはや後戻りはありません。礼拝を終えたら私たちは世に遣わされて行きます。世の諸力との戦いがあるでしょう。しかし後戻りはありません。神の子とされた喜びに生き続けます。神によって立てられた相続人として、神の国の豊かさを受けつつ、神の国のまったき到来まで

「アッバ、父よ」と叫びながら歩み続けます。

肉体の弱さと福音

四章一二―一八節

わたしもあなたがたのようになったのですから、あなたがたもわたしのようになってください。兄弟たち、お願いします。あなたがたは、わたしに何一つ不当な仕打ちをしませんでした。知ってのとおり、この前わたしは、体が弱くなったことがきっかけで、あなたがたに福音を告げ知らせました。そして、わたしの身には、あなたがたにとって試練ともなるようなことがあったのに、さげすんだり、忌み嫌ったりせず、かえって、わたしを神の使いであるかのように、また、キリスト・イエスでもあるかのように、受け入れてくれました。あなたがたが味わっていた幸福は、いったいどこへ行ってしまったのか。あなたがたのために証言しますが、あなたがたは、できることなら、自分の目をえぐり出してもわたしに与えようとしたのです。すると、わたしは、真理を語ったために、あなたがたの敵となったのですか。あの者たちがあなたがたに対して熱心になるのは、善意からではありません。かえって、自分たちに対して熱心にならせようとして、あなたがたを引き離したいのです。わたしがあなたがたのもとにいる場合だけに限らず、いつでも、善意から熱心に慕われるのは、よいことです。

私たちの信仰は正しい信仰でしょうか。ひょっとして間違った信仰になっていないでしょうか。それはどこで分かるのでしょうか。信仰内容の教理的筋道を確かめれば分かるということもあるでしょう。しかしもっと具体的に分かる手立てがあります。それはその信仰がどういう交わりを生み出しているかということです。間違った信仰は、間違った集団を作り出します。なかにはカルト集団のようなものもあります。しかし素晴らしい信仰は、信じているその人の生き方を素晴らしくするだけでなく、その信仰による交わりを素晴らしいものにするのではないでしょうか。

ガラテヤの信徒への手紙が問うてきたのは、もっぱら福音だけを信じるか、それとも律法主義を入れ込まなければならないかという問題でした。それなら福音はどういう交わりを生み出し、律法主義ならどういう集団になるかという問題にもなるでしょう。パウロはキリストの福音のみを根拠として生きる信仰の正しさを語りながら、今朝の聖書の箇所でガラテヤの人たちとの最初の出会いのときを思い起こし、キリストの福音がどういう交わりを生み出したかを思い出させています。

「あなたがたは、わたしに何一つ不当な仕打ちをしませんでした」。そう記されています。それが福音を受けたときのガラテヤの人々の姿でした。「知ってのとおり、この前わたしは、体が弱くなったことがきっかけで、あなたがたに福音を告げ知らせました」（一三節）。「この前」と訳されていますが、それは「最初」のとき、福音伝道の最初のときのことを語っています。福音がそのときどういう交わりを生み出したかを語ります。

パウロがガラテヤ地方に初めて福音を伝えたときのことは、使徒言行録にも記されています。使徒言行録一六章と一八章です。一六章六節には「さて、彼らはアジア州で御言葉を語ることを聖霊から禁じられたので、フリギア・ガラテヤ地方を通って行った」と短く記されています。その少し後、一八章二三節には、アンティオキアに滞在したパウロが、「しばらくここで過ごした後、また旅に出て、ガラテヤやフリギアの地方を次々に巡回し、すべての弟子たちを力づけた」とあります。ですから、ガラテヤの信徒への手紙を書く前にパウロは少なくとも二度、ガラテヤ地方を訪ねています。しかし今朝の聖書の箇所には、その最初のとき、キリストの福音をはじめて宣べ伝えたときのことが記されています。今朝の聖書によれば、パウロはその時病気であったようです。「体が弱くなったことがきっかけで、あなたがたに福音を告げ知らせました」とある通りです。「体が弱くなった」というのは「肉体の弱さ」という言葉です。「最初のとき、肉体の弱さによってあなたがたに福音を宣べ伝えました」と言うのです。「肉体の弱さ」とは「病気を患った」ことを意味します。使徒言行録には「ガラテヤ地方を通って行った」とあるだけですが、詳しくは、病気のためにパウロはガラテヤに滞在せざるを得なくなったのです。そしてその療養のさなか、ガラテヤ伝道はなされました。病気はしないにこしたことはありません。しかし病気になったとしても、それは決して無意味ではない、それがあって福音が伝えられたと言うのです。

ただしそこには難しい問題もありました。と言いますのは、古代世界では病気は「悪霊によってかかる」という考え方が一般にあったからです。ですから「伝道者の病気」、まして「使徒である宣教者の病気」は、それだけで躓きを起こします。悪霊に負けていると思われるからです。それが一四節に言われていることです。「わたしの身には、あなたがたにとって試練ともなるようなことがあったのに、さげすんだり、忌み嫌ったりせず、かえって、わたしを神の使いであるかのように、また、キリスト・イエスででもあるかのように、受け入れてくれました」（一四節）。パウロの病気が何であったか、目の病気とか癲癇の病とか説はいくつかありますす。しかし結局、分かりません。ただいずれにしても、それは当時「さげすまれ」「忌み嫌われる」ものだったのでしょう。パウロを使徒として受け入れるのに障害になるものでした。しかしそこに、伝えられた福音を信じる信仰の正しさが現れて、ガラテヤの人々は、パウロをさげすむことも忌み嫌うこともせず、神の使いを受け入れるように、そしてキリスト・イエスを受け入れるようにして福音を受け入れ、パウロを受け入れたのです。

病のパウロを受け入れたことは、彼が伝えたキリストの福音を受け入れたことと結びついています。「体が弱くなったことがきっかけで」とありますが、それは「肉体の弱さによって、肉体の弱さを通してあなたがたに福音を宣べ伝えた」というのです。パウロが伝えた福音は、「肉体の弱さ」を抱えてでは伝えることのできない福音ではなく、むしろその時代の人々から忌み嫌われる「肉体の弱さ」を抱えてこそ伝えることのできる福音でした。なぜならパウロが伝えた福音は、「イエス・キリストの福音」、しかも「十字架につけられたままのキリストの福音」だったからです。十字架のキリストをパウロは病気の中の説教によって伝えました。病床に横たわりながら十字架のキリストを説教したときがあったかもしれません。彼自身が病んでいました。しかしキリストの福音は病んでいる人を受け入れる福音です。キリストが十字架にかかられたのは、主ご自身が肉体の弱さを担い、その肉体の弱さの極みである十字架の死と苦痛によって、私たちの罪を負い、神の恵みを表されたのです。キリストの福音から肉体の弱さを切り離すことはできません。肉体の弱さはキリストの福音の中にしっかりと受け入れられています。その中でこそ神の大きな恵みが働き、私たちの罪と死を代わって負う神の憐れみが働きました。このキリストの福音を信じること、十字架のキリストを「わが主」と信じることは、肉体の弱さにある伝道者が伝えると共に、その伝道者を受け入れ、病む人を受け入れて、慰めることと切り離せません。

このことは、律法の業を果たすことを重大とする律法主義では考えられないことでしょう。律法主義で生きるなら、肉体の弱さにどんな意味があるでしょうか。病を患うことには何の意味もないでしょう。病の中には、罪の徴として忌み嫌われる病もありました。時にはある病気を理由に仲間はずれにされたのです。しかしキリストの福音によれば、病むときもまた、いなそのときにこそ、いよいよ深くキリストの十字架に結ばれ、神の恵みに満ち溢れます。だからこそ病める人に福音は伝えられなければならず、病んでいるときもまた福音を伝えるときなのです。

パウロはさらに「あなたがたが味わっていた幸福は、いったいどこへ行ってしまったのか」(一五節)と問うています。キリストの福音を信じて、割礼や律法の遵守をキリストの福音に並べることをしなかったとき、彼らは病に倒れた伝道者をさげすむことも忌み嫌うこともしませんでした。神の使いのように受け入れることができたのです。そのときあなたがたは幸福だったとパウロは記します。「あなたがたは、できることなら、自分の目をえぐり出してでもわたしに与えようとしたのです」(一五節)と書いています。この文章からパウロの病は目の病だったのではないかという憶測も生まれました。しかしそれよりも「目」は古代にあっては「最も貴重な体の器官」を意味していたと言われます。ですから、自分の目をえぐり出してでも与えようとしたというのは、自分にとって最も大切なものを与える、そしてその人に仕えるという表現です。それが幸福を表していると言うのです。ある人が本当の意味で幸福であるのは、自分の最も大切なものをも喜んでささげて仕える中に表現されると聖書は語っているのです。そういう交わりの中に福音の信仰の正しさが現れていると語っているのです。

信仰の正しさは、その交わりの中に示されると言いました。キリスト教信仰が正しいかどうかは、それがもたらす人間関係の中に、ここでは福音を伝えた伝道者とそれを受けた信徒たちの交わりの中に示されました。弱い所を受け入れ、今その人が病んでいるその病をさげすむことも忌み嫌うこともせず、そのひとのために仕えることを喜ぶ。それがキリストの群の性格と言うのです。義務でそうするのではありません。誰も強制されてはいません。キリストの十字架の恵みに満ち溢れてそうなったのです。十字架の主キリストに今日も仕えられている豊かさの中から、互いに仕え合う交わりが生まれ、その幸福が経験されました。幸福というものは、何もかも自分のものにすることから生まれるものではありません。貴重なものは誰にも渡さないと抱え込むことでもありません。その人がどれだけ幸福であるかは、どれだけ喜びのうちに献げ、自由に仕えることができるかということに現れるでしょう。

人に対して熱心になるという表現もできるでしょう。パウロは「あの者たちがあなたがたに対して熱心になるのは、善意からではありません」（一七節）と言いました。「自分たちに対して熱心にならせようとして、あなたがたを引き離したいのです」と言います。「引き離す」というのは、教会の交わりから引き離す、つまり分派活動を意味します。福音に含まれた人々に対する熱心は、分派的な熱心でなく、善意からの熱心、教会的な熱心であると、パウロは語っているのです。キリストの福音は人間に対して冷淡にしません。分派的な熱心にもしません。善意による教会的な熱心、そういう熱心によって人々に心を向けます。そういう熱心がキリストの福音による幸福の中に含まれています。私たちも、正しい信仰が与える、本当の意味での幸福な交わりを生きて、人々をそこに迎え入れたいと思います。

キリストが形づくられるまで

四章一六―二〇節

すると、わたしは、真理を語ったために、あなたがたの敵となったのですか。あの者たちがあなたがたに対して熱心になるのは、善意からではありません。かえって、自分たちに対して熱心にならせようとして、あなたがたを引き離したいのです。わたしがあなたがたのもとにいる場合だけに限らず、いつでも、善意から熱心に慕われるのは、よいことです。わたしの子供たち、キリストがあなたがたの内に形づくられるまで、わたしは、もう一度あなたがたを産もうと苦しんでいます。できることなら、わたしは今あなたがたのもとに居合わせ、語調を変えて話したい。あなたがたのことで途方に暮れているからです。

信仰生活を送っていて、時には信仰がはっきりしなくなるときがあります。信仰がまったくなくなってしまうことは決してないのですが、信仰の輝きが失われることは誰の場合にもあるのではないでしょうか。そのとき信仰生活にもう一度「再生」が必要になります。「再生」とは、信仰によって「生まれ変わる」ことです。ボーン・アゲインが求められます。ガラテヤの信徒への手紙は、この「再生」のために記された手紙と言ってもよいでしょう。お読みいただいた箇所の一九節にこう記されています。「わたしの子供たち、キリストがあなたがたの内に形づくられるまで、わたしは、もう一度あなたがたを産もうと苦しんでいます」。「もう一度産む」ということは「再生」が求められ、ボーン・アゲインが語られているわけです。ガラテヤの人々は、病を患いながらの使徒パウロによる説教を聞き、それを通して十字架にかけられたままのキリストが目の前に描き出され、それによって福音を知らされ、洗礼を受け、聖霊の注ぎを受けました。そして「アッバ、父よ」と叫ぶ礼拝生活を送って来たのです。しかしそれがユダヤ教的律法主義に誘われ、割礼を勧められ、信仰の迷いに陥り、信仰生活に異変が起きました。信仰が変質すれば、その人の生活も信仰者同士の交わりも変化してくるでしょう。愛は冷え、生活は力を失います。信仰に「再生」が必要になります。私たちにもそういうときがあるかもしれません。信仰の再生はどのようにして起きることができるでしょうか。

「わたしの子供たち、……わたしは、もう一度あなたがたを産もうと苦しんでいます」と使徒パウロは語ります。「わたしの子供たち」という呼びかけは、使徒であるパウロならではのものです。パウロはガラテヤの人々に福音を伝え、ガラテヤの諸教会を生んだ教会の設立者です。ですから彼が「わたしの子供たち」と言うのは、信仰の子供たちを産みだした信仰の父としての使徒の呼びかけです。しかしパウロはこの呼びかけに続いて、「わたしはもう一度あなたがたを産もうと苦しんでいます」と記しました。産みの苦しみをするのは「父」でなく、「母」です。パウロはですから、信仰の子供たちに対し、父であると共にまた母としても語っていることになります。

「もう一度あなたがたを産もうと苦しんでいます」。この「もう一度」と語られたところで、「再生」が主題だと知らされます。ガラテヤの人たちからすると、自分たちの信仰にそれほど問題はないと思っていたかもしれません。ユダヤ主義者に誘われ、多少本筋から逸れた、あるいは説明不足や誤解があったと思ったかも知れません。しかしパウロの目には、ガラテヤの人々の間には、キリストの贖いによって与えられた神の子の自由が失われ、再びこの世の諸力の奴隷になる「逆戻り」が起きていました。もう一度生まれる再生が必要とされていたのです。「もう一度あなたがたを産む苦しみをする」。かつては病に苦しみながらの伝道でした。しかし病ではなかったとしても、キリストを伝え、その福音を語ることは、人々のかたくなな心や生活姿勢と戦うことでもあります。時には公然たる非難や迫害にも耐えなくてはなりません。伝道は産みの苦しみを意味します。主にあって母の愛、命がけの愛をもってあなたがたを産むとパウロは言うのです。

パウロは言葉を選び、祈りつつ手紙を記しています。当時、手紙は筆記者に口述しながら書きました。心の中で丁寧に構想を熟させなければとても書き進められない作業でした。ましてキリストの福音に立ち返らせようとする手紙です。この手紙を記すこと自体が産みの苦しみでしょう。またパウロは、最初に伝道した後もガラテヤを訪ねています。さらにもう一度訪ねようともしていました。パウロは、「できることなら、わたしは今あなたがたのもとに居合わせ、語調を変えて話したい。二〇節には「あなたがたのことで途方に暮れているからです」と記しています。これも産みの苦しみです。なぜ産みの苦しみをするのでしょうか。それには特別な理由がありまます。

産みの苦しみをするのは「キリストがあなたがたの内に形づくられるまで」と言われます。「キリストがあなたがたの内に形づくられる」とはどういうことでしょうか。中心にいるのはキリスト、生けるキリストです。パウロとガラテヤの人々の関係というより、ガラテヤの人々の中におられるキリストです。キリストが形づくられるというのは、キリストが形を取る、キリストが御自分の形態を取ってくださることです。キリストが信仰者と共におられ、信仰者を御自分の体の中に入れ、その群の心と生活の中に形態を取ってくださる。それによって私たちは子供たち、神の子らとして再生します。キリストがわたしたちの内に形を取らなければ、私たちの再生にはなりません。キリストが私たちの内に生きて形を取ってくださり、私たちがキリストの形と同じ形にされます。再生の主体は、パウロでもガラテヤの人々でもありません。

主体はキリストです。キリストが生きておられ、形づくられ、具体的な姿を取ってくださる。それによって神の子とされた者が、キリストの愛にあずかり、キリストの希望に生きることができ、キリストと共に父なる神を信頼することができます。キリストによって生きることができ、そのとき私たちは神の子とされた者として再生しています。

パウロの産みの苦しみの根本には、生けるキリストがいました。そうでなければ、パウロの苦しみは甲斐の無い、理由も根拠もないものになるでしょう。聖餐にあずかるとき、陪餐後の感謝の祈りの中で私たちは「キリストの復活の力を知り、その苦しみにあずかり、おりを得ても得なくても、御言葉を宣べ伝えることができますように」と祈ります。「キリストの苦しみにあずかり」と祈るのは、フィリピの信徒への手紙の一節（三・一〇）から来ていることです。生けるキリストの苦しみは終っていません。私たちがまったき救いにあずかるまで、神の国のまったき到来まで、また私たちの再生のため、甦りの主キリストは今日も産みの苦しみをしておられます。キリストは今日も私たちに仕えてくださっています。私たちの再生はこのキリストの苦しみによって起こされます。

「あなたがたの内に形づくられる」とあるのには、二つの意味があると言われます。一つはあなたがた一人一人のうちにという意味です。一人一人のうちにキリストが生きておられ、一人一人のうちに形を取ってくださいます。それと共に、あなたがたの群全体にキリストが形を取る。これがもう一つの意味です。教会は生きた交わりであり、「キリストの体」です。一人一人が再生することと、交わり全体の中にキリストが形を取ることとは切り離せません。一人の人の信仰の再生はその教会の再生でもあります。

根本は、主イエス・キリストが私たちのうちに生きておられることです。ガラテヤの信徒への手紙の二章二〇節に「生きているのは、もはやわたしではありません。キリストがわたしの内に生きておられるのです」と記されています。この信仰が私たちの再生の信仰の根本です。「キリストがわたしの内に生きておられる」。どういうふうにしてかと説明を求められれば、説明に困る難解な信仰かも知れません。しかし主を信じているというのは、キリストが生きておられると信じていることです。そしてキリストがわたしたちのうちに形を取ってくださると信じています。「キリストがわたしの内に生きておられる」「キリストがわたしの内に形づくられる」。そう信じて、神の子として生かされています。それが再生の信仰です。

ですから、信仰の試練にあったとき、自分の生き方が分からなくなったとき、あるいは罪に誘われ、みじめな挫折を経験したとき、もういちどキリストによって生まれ変わることができます。「キリストがわたしの内に生きておられる」からです。そして「キリストがわたしたちの内に形づくられる」からです。それゆえ「生きているのは、もはやわたしではありません。キリストがわたしの内に生きておられます」と言うことができます。この信仰によって、どんな罪や失敗も、キリストによって打ち砕かれ、キリストによって赦され、再生させられる機会になります。それがキリスト教信仰でしょう。バプテスマを受けてキリスト者とされた者は、キリストが生きておられるという事実と、キリスト者とされたという失われることのない事実に基づいて、再生へと導かれるでしょう。

わたしたちには母である「使徒」は今いません。しかし生けるキリスト御自身が苦しまれ、御言葉を与えてくださっています。聖霊も内にあって呻きの働きをしてくださっています。もう一度私たちを産む苦しみを生けるキリストと聖霊がしてくださいます。そして教会が母でいてくれます。私たちもキリストの産みの苦しみにあずかることができます。「キリストの復活の力を知り、その苦しみにあずかり、折を得ても得なくても、御言葉を宣べ伝えることができますように」。こう祈りつつ、前進することができます。

迫害下に生きる約束の子たち

四章二一―三一節

わたしに答えてください。律法の下にいたいと思っている人たち、あなたがたは、律法の言うことに耳を貸さないのですか。アブラハムには二人の息子があり、一人は女奴隷から生まれ、もう一人は自由な身の女から生まれたと聖書に書いてあります。ところで、女奴隷の子は肉によって生まれたのに対し、自由な女から生まれた子は約束によって生まれたのでした。これには、別の意味が隠されています。すなわち、この二人の女とは二つの契約を表しています。子を奴隷の身分に産む方は、シナイ山に由来する契約を表していて、これがハガルです。このハガルは、アラビアではシナイ山のことで、今のエルサレムに当たります。なぜなら、今のエルサレムは、その子供たちと共に奴隷となっているからです。他方、天のエルサレムは、いわば自由な身の女であって、これはわたしたちの母です。なぜなら、次のように書いてあるからです。

「喜べ、子を産まない不妊の女よ、
喜びの声をあげて叫べ、
産みの苦しみを知らない女よ。
一人取り残された女が夫ある女よりも、
多くの子を産むから」。

ところで、兄弟たち、あなたがたは、イサクの場合のように、約束の子です。けれども、あのとき、肉によって生まれた者が、〝霊〟によって生まれた者を迫害したように、今も同じようなことが行われています。しかし、聖書に何と書いてありますか。「女奴隷とその子を追い出せ。女奴隷から生まれた子は、断じて自由な身の女から生まれた子と一緒に相続人になってはならないからである」と書いてあります。要するに、兄弟たち、わたしたちは、女奴隷の子ではなく、自由な身の女から生まれた子なのです。

今月はじめ、受難週の木曜日（二〇一五年四月二日）のことでしたが、アフリカ・ケニアの大学でキリスト教徒の学生たち一四八人が殺害されるという悲惨な事件が起きました。イスラム過激派のグループがキリスト教徒だけを殺害したということで、信仰を理由にした迫害が今なお現実にあることに多くの人が衝撃を受けたのではないでしょうか。日本社会には、幸い日本国憲法のもと公然たる迫害はないと言ってよいでしょう。それでも社会の風習や偏見や誤解による迫害に悩まされていることは多いと思われます。最近では国家神道の復旧を図る時代錯誤な政治の意図があからさまに表現されることもあります。それは日本の過去にあった迫害の時代を思い出させるでしょう。今朝の聖書の御言葉はキリスト者が迫害のもとに生きる現実を語っています。私たち自身の問題として御言葉に聞きたいと思います。

ガラテヤの信徒たちは、ユダヤ教の律法主義に従うように執拗に要求されたようです。「迫害」と言うべき状態であったようで、二八節以下にこう記されています。「ところで、兄弟たち、あなたがたは、イサクの場合のように、約束の子です。けれども、あのとき、肉によって生まれた者が、〝霊〟によって生まれた者を迫害したように、今も同じようなことが行われています」。あのときと同じ迫害があるとパウロは語ります。「あのとき」というのは、アブラハムに子が生まれると約束され、その子が生まれた後のことです。イサクが生まれた後の様子を創世記二一章は伝えています。「サラは、エジプトの女ハガルがアブラハムとの間に産んだ子が、イサクをからかっているのを見て、アブラハムに訴えた。『あの女とあの子を追い出してください』」（創二一・九）。「からかっている」とあるのは「遊んでいる」とも解釈できますが、そこを「血を流す」という意味にとる解釈があったと言われます。パウロもその伝承に従ってこの箇所を受け取っています。あのときハガルの子がサラの子をいじめて、迫害した。「迫害した」という言葉は、継続を表す未完了形で記されています。「迫害し続けた」と言うのです。そして同じことが今も行われていると記しました。パウロ自身がはじめは迫害に加担していたのです。しかし今はキリストの福音を宣べ伝えて、迫害される側にいます。ガラテヤの人々も今、割礼の要求に悩まされ、迫害の下にあります。

「肉によって生まれた者」が「霊によって生まれた者」を迫害したと言います。ですから、ガラテヤのキリスト者が迫害を受けていることは、彼らこそが霊によって生まれた者で、約束の子である証拠です。民族的に言えば、ガラテヤの人たちは異邦人であり、アブラハムの子孫ではありません。しかし「あなたがたは、イサクの場合のように、約束の子です」と言います。神の約束は、民族を越えて、「神の選び」に起源を持ちます。神の約束は選びにより、恵みによって与えられます。選ばれた人々が約束された子供たちです。アブラハムに対する神の約束はイサクによって成就しました。そのようにガラテヤの異邦人キリスト者たちによって約束は成就しているというのです。アブラハムに与えられた約束の子は、星のように数を増し、新しい契約の地を継ぎ、すべての民に神の祝福が及ぶ土台にされると言われました。それが、キリスト者が起こされたことで果たされたと言うのです。

「約束の子たち」の特徴が、迫害する者たちと対比して記されています。「約束の子たち」は「肉によって」でなく、「霊によって生まれた」というのがその一つです。「肉によって生まれた者」は「律法」に縛られ「奴隷の身分」にある。しかし「霊によって生まれた者」は自由な身の女から生まれたと言われます。「霊によって生まれた」というのは、霊によって神との交わりに入れられ、それがその人の生きる力になっているということです。霊による人はキリストにある人、キリストのものとされた人です。そして霊は人を神と交流させ、命を与え、自由にします。他方「肉によって生まれた者」というのは、民族や血の繋がりを誇りにし、人間的なものを原理にして生きる人です。神の恵みに生の根拠を置きません。神なしに生きる人、神以外のものが人生の原理になっている人です。神との関係を欠いて、キリストの恵みから離れています。

もう一つの対比は、「天のエルサレムはわたしたちの母」という言葉です。おそらくこの言葉以前に迫害者たちが「わたしたちの母はエルサレムだ」と叫んでいたのでしょう。そしてエルサレムの言うことを聴け、それに服従せよ、割礼を受けて律法に従え、そうしなければエルサレムを母とすることはできないと主張したのでしょう。ですからパウロは「今のエルサレム」はその子供もろとも奴隷になっていると言いました。神の恵みから離反し、肉の支配に屈服する奴隷、律法の支配下にいる奴隷になっているというわけです。何がわたしたちの母か、そこにその人のアイデンティティが表現されます。そして「今のエルサレム」でなく、「天のエルサレム」が「わたしたちの母」とパウロは語りました。

「今のエルサレム」という言い方には、今だけで終わるエルサレムという響きがあります。それに対して「新しいエルサレム」がやってきます。世の終りに新しい天、新しい地が訪れます。そのとき「新しいエルサレム」が天から到来します。このやがてくる新しいエルサレムが、今すでに天のエルサレムとして現在しています。それがここに言う「天のエルサレム」です。それこそが私たちの母というのです。天のエルサレムを母とすることによって、神の国にあずかりはじめています。律法に縛られるのでなく、福音によって生きる自由が始まっています。

迫害はかつてと同様、今も同じように行われています。しかしそれには終りがあるとパウロは語ります。それが「聖書に何と書いてありますか。女奴隷とその子を追い出せ」（三〇節）という言葉です。「追い出せ」はひどい言葉に思われるかもしれません。しかしこの言葉は、迫害に対して迫害をもって対抗しようという意味ではありません。アブラハムに向かって「あの女とあの子を追い出してください」と言ったのはアブラハムの妻サラでした。それをパウロはサラが言ったと言わず、聖書の言葉として、神の御意志として「女奴隷とその子を追い出せ」と記しました。その意味は「迫害する者」は相続人ではないという意味です。「迫害する者たち」は救いの相続人ではない、神の国の相続人ではないというのです。そうではなくて、今、迫害に苦しめられている約束の子供たちが、救いの相続人です。終末の救いにあずかる者たちとして神の国の相続人です。洗礼を受けて聖霊を注がれ、神の子とされた者たちが、約束による相続人、救いにあずかる相続人、神の国の相続人だと聖書は語っているのです。そして終末の時にはは迫害に苦しむことはもはやありません。神の国の中に迫害はないからです。

「迫害」というのは厳密には主のため、福音のために受ける苦難です。ですが、信仰の生活を歩み、神の栄光のために生きる者が色々な試練を経験すれば、どの試練も困難も、迫害に準ずるものと思われます。信仰の人生は色々な試練を経験します。しかしその中をキリストが共に生きてくださり、霊によって生かされます。十字架上に苦難を負われ、死を負い、復活された主イエスを仰ぎ、霊によってキリストに結ばれて生きる、それが信仰生活です。

今年（二〇一五年）は戦後七〇年です。三月一〇日は、第二次世界大戦時の東京大空襲からちょうど七〇年目でした。その日、下町一帯は火の海に包まれ、一〇万人が死んだと言われます。フランス文学者渡辺一夫の『敗戦日記』はこの東京大空襲の経験から書き始められました。冒頭の一節を改めて読み直してみました。「三月九日の夜間爆撃によって、懐かしきわが『本郷』界隈は壊滅した。思い出も夢も、すべては無惨に粉砕された。試練につぐ試練を耐えぬかねばならぬ。カルヴァリオの丘における『かの人』の絶望に、常に思いを致すこと。かの人に比すれば、僕なぞは低俗にして怯懦、名もなき匹夫にすぎぬ。かの人の苦悩に比すれば、今の試練なぞ無に等しい。耐えぬくこと！」とありました。戦時中、キリスト者とは言えない一人のフランス文学者がこういう文章をひそかにフランス語で書き綴りながら生き抜いたことに改めて感銘を受けました。あの時代、あの社会の中で人生の試練、悲惨、迫害の中を生きなければならなかった労苦を思わせせられます。渡辺一夫も十字架のキリストを心に抱いて試練の中を生きたというのです。キリスト者であれば、なおさらのことではないでしょうか。

私たちは今、復活節を歩んでいます。十字架に苦しまれた主が贖いのための死を負いながら、復活の主として共にいてくださいます。主キリストが十字架を負いつつ、私たちと共に今日も歩んでくださいます。このことは秘義ですが、どんな科学も否定できない神のリアリティです。十字架の主が生ける現在のキリストであるとの信仰は、どんな試練にも、迫害にも、耐えぬく力になるでしょう。私たち自身はどんなに弱く欠けのある者であっても、復活の勝利の主キリストがいて、私たちを霊によって共に歩ませてくださるならば、私たちには耐える力が与えられます。私たちは福音によって自由にされます。キリストの愛によって温められます。不安や恐れから解放されます。他者を赦し、愛する力も与えられるのではないでしょうか。

キリストが私たちを自由にしてくださった

五章一節

この自由を得させるために、キリストはわたしたちを自由の身にしてくださったのです。だから、しっかりしなさい。奴隷の軛に二度とつながれてはなりません。

「キリスト者の自由」という表現があります。宗教改革者マルティン・ルターの記した小冊子にも「キリスト者の自由」という表題のものがありました。宗教改革三大文書の一つと言われ、最も影響力の大きかったものです。それ以来、特にプロテスタント教会は「キリスト者の自由」を語ってきました。キリスト教全体が「自由の宗教」と言われるほどです。しかし一体「自由」とは何かと問われますと、大切であると頭では思いつつも、どこか捉えどころのない気がするのではないでしょうか。「福音による自由」と言っても、実感として伝わっているかどうか、自由がそんなに有り難いと現実感をもって受け取っているか、不確かな気がします。聖書が語っている「キリスト者の自由」とは何でしょうか。ガラテヤの信徒への手紙は、この自由を分からせるために記された手紙です。キリストによって「救われた」ということは、「自由にされた」ことなのです。

今朝の箇所がそのことを記した箇所です。「この自由を得させるために、キリストはわたしたちを自由の身にしてくださったのです」とあります。「この自由を得させるために」というのは、文字通りには「自由へ」という目的を表す表現で、キリストの働きは私たちが自由であることを目的にしていると記しています。この一文は四つの単語からなる短い文章で、文頭に「自由へ」とあり、文末に「自由にした」とあります。ギリシア語は文頭と文末に強調したい言葉を置きますから、この文章は「自由へと自由にした」と強調しているわけです。

この文章の文脈上の位置は少し妙に思われるかもしれません。この文章は五章一節ですから新しい章の始めです。しかし段落の分け方では、四章の結末に置かれています。いったい今朝の御言葉は五章の始めでしょうか、それとも四章の終わりでしょうか。聖書には元来、章も節もついていませんでした。段落もありませんでした。それをどうつけるかは、どう読むかということと関連して、後から加えられたものです。この文章から新しい記述が始まると解釈して五章一節としたのでしょう。しかしその後、段落に分けた時、前の文章に属して、その結末を語っていると解釈されました。

ガラテヤの信徒への手紙は、概略を言いますと、一章と二章はパウロの歩みを記し、パウロが「使徒」であることを主張しています。パウロの信仰はキリストの啓示から出発していて、ペトロにもエルサレム教会にも依存したものでないと記されています。三章と四章はパウロがいかなる福音を伝えたかを記しています。特に十字架につけられたキリストが律法の呪いから贖い出してくださったことが中心にあります。そして今朝の箇所から五章、六章に進みます。ここから福音による新しい生活が記されます。個人としてだけでなく信仰の共同体として共にどう生きるかが記されます。その出発点にこれまでの章をまとめた五章一節が位置しているわけです。つまり今朝の箇所は、これまでに記されてきたこと、特に三章と四章で記されたキリストの福音とは何かを総括し、そのエッセンスを述べ、そこからどういう生活に歩み出すかを記している箇所です。福音信仰の内容を簡潔に記して、そこから新しい生活へと歩みだす箇所です。ガラテヤの信徒への手紙の中心的な位置にあると言ってもよいでしょう。その際これまで色々語って来た福音を総括した一言が「自由へと私たちをキリストは自由にしてくださった」という五章一節の前半の言葉です。そしてこれが福音です。そしてこの福音からの生活、新しい倫理が「だから、しっかりしなさい。奴隷の軛《くびき》に二度とつながれてはなりません」とこの節の後半で記されています。

あなたの救いは何ですか。あなたはキリスト者として何を信じていますか。そう問われたとき、今朝の御言葉によってそのエッセンスを言うことができます。「自由へと私たちをキリストは自由にしてくださった」。これが福音であり、これが救いだと答えることができます。「キリストは私たちを自由にしてくださった」ということで、キリストの十字架の働きが語られます。主イエス・キリストが十字架にかかられたのは、私たちを自由にするためでした。主イエス・キリストの十字架の犠牲なしに、私たちに本当の自由はなかったのです。人間は誰でも生まれながらに自由だと語って聖書は済ませていません。人間が生まれながらに自由で、何の問題もなかったなら、キリストは十字架の苦難と死を負う必要はなかったでしょう。そうでなく私たちはさまざまな束縛や圧迫の下に置かれ、争いや不安に巻き込まれ、虚しい人生に落ち込んでいます。そこには私たちの罪の問題があり、人間の悪の問題があります。人間は神から離れ、神に反逆し、神を失った状態にいます。そのため神でないものに怯え、支配され、その結果、奴隷のくびきに繋がれ、自由を失っています。不安に陥り、争いにも陥りました。それが聖書の見ている人間の状態です。律法に服従し、この世のさまざまな支配力に服従しなければならなくなりました。神から離れた生活は、自由に見えて、実は本当の自由のない、不安や恐怖の生活であり、生きる意味を見いだせない虚しい人生です。しかしキリストがそこから自由にしてくださいました。私たちのために十字架にかかり、血を流し、苦しみを負い、命を犠牲にして罪の責めを負い、それによって罪とその結果を処理し、律法や世のさまざまな諸力から私たちを解放してくださいました。それがキリストによる自由です。罪と悪、そして恐るべき死や不安から、また律法やさまざまなこの世の諸力からキリストによって自由にされました。

ですから、私たちの自由はキリストに根拠を持っています。私たち自身にではありません。私たちの外、イエス・キリストの中に根拠があって、私たちは救われ、自由にされました。キリストの十字架こそが私たちの自由の根拠です。そしてそのことが私たちに届くために、十字架につけられたままのキリストを描きだす使徒的な説教がなされました。また、主の十字架にあずかる洗礼がなければなりませんでした。その洗礼において御子の霊である聖霊を受けなければなりませんでした。そして「アッバ、父よ」と叫ぶ、喜びの礼拝に加えられなければならなかったのです。それが自由の実現です。自由にされたのは、「神の子」とされたことなのです。

こうしてキリストによって、罪と死から、律法と世の諸力から自由にされました。それは神の子としての自由に向かってです。神の子の自由は、神のみを神として、神との平和に生き、神の愛と互いの愛に生き、神の命に生かされる自由です。神の国の自由です。この自由がなかったら、どんな政治的自由が与えられても底の浅いものでしかないでしょう。神のみを神とする神の子たちの自由に生きる。そのためにキリストは私たちを自由にしてくださったのです。

アメリカの宗教社会学者ロバート・ベラーが明治の日本精神を研究した書物の中で「勇気」について記した箇所があります。日本人には勇気の拠り所が欠けていたというのです。たった一人でもこの世の力に抵抗する勇気は、超越的な拠り所を必要とする、その拠り所がなかったと言います。今朝の御言葉は自由には根拠があると語っています。拠り所があるのです。私たちは自分が過ちを犯したとき、それに向き合ってそれを受けとめることができなければ自由であるとは言えないでしょう。ですから本当の赦しを知らなければ、自由を生きることはできません。主の十字架の犠牲の中に自由の根拠があります。それは私たちの侵した罪が主イエスの十字架によって受けとめられ、処理され、十字架の主と一つに結ばれることで赦しを与えられるからです。どんなことも神の愛から私たちを引き離せない、そういう神の愛と赦しの中に置かれて、自由にされています。そうでなければ、自分自身の過去の過ちに面と向かうことはできないでしょう。日本が犯した誤りを国民自身が指摘すると自虐的だと言って、最近は過去の誤りを無視する傾向があると聞かされます。もしそうなら、日本人は反省能力を失うつもりかと問わなければならないでしょう。真実の赦しが信じられなければ、なすべき反省もなし得ないでしょう。

今朝の箇所は、キリストの福音を「自由へと」「私たちを」「キリストは」「自由にしてくださった」という四つの単語の短い文章によってまとめています。そのうえで、そこから新しい生活への出発を命じています。二つの命令文がそれを示しています。一つは「だから、しっかりしなさい」です。「だから」というのは、キリストによって救われ、自由にされたの「だから」と言うことです。もう一つは「奴隷のくびきに二度とつながれてはなりません」と言います。「しっかりしなさい」とあるのは性格が弱くてはいけないと言っているのではありません。

だらしなくてはいけないといっているのでもありません。文字通りには「立て」と言っています。「堅く立ちなさい」と言うのです。自分でしっかりすることでなく、どこに立つかが重大です。キリストが自由にしてくださったその自由の中に堅く立つことです。救いの中に立ち続けることです。ある人はこの「堅く立て」は「軍隊の命令」のように響くと言います。「一度獲得した位置をもはや放棄しないように、どんな攻撃に対してもその場所を守り抜くように、あなた方が立っている場所、そこに踏みとどまりなさい」。そういう使徒パウロの言葉です。

無教会の伝道者藤井武のエピソードを思い起こします。「我らここにて戦死せん。一歩も退くべからず」。藤井は聖書の裏表紙にそう印刷して友人たちに配り、伝道者として立つ覚悟を示したと言われます。日露戦争で軍人であった父が部下を励ました言葉だったそうです。キリスト者とは堅く立つ場所をキリストの十字架の中に持っている人のことです。そこに立ち続けることは二度と奴隷のくびきに繋がれない自由を与えます。律法のくびきにも、この世の力のくびきにも繋がれません。神の子の自由に生かされ、その自由は何物にも奪われません。あなたは自由の根拠をキリストの十字架の中に与えられています。そこに立って、二度と奴隷のくびきに繋がれてはなりません。

愛より、むしろ信仰

五章二―六節

ここで、わたしパウロはあなたがたに断言します。もし割礼を受けるなら、あなたがたにとってキリストは何の役にも立たない方になります。割礼を受ける人すべてに、もう一度はっきり言います。そういう人は律法全体を行う義務があるのです。律法によって義とされようとするなら、あなたがたはだれであろうと、キリストとは縁もゆかりもない者とされ、いただいた恵みも失います。わたしたちは、義とされた者の希望が実現することを、〝霊〟により、信仰に基づいて切に待ち望んでいるのです。キリスト・イエスに結ばれていれば、割礼の有無は問題ではなく、愛の実践を伴う信仰こそ大切です。

時代によって語りやすい言葉と、語りにくい言葉があるように思います。たとえば「愛」という言葉は、今、極めて語りやすい言葉になっているのではないでしょうか。愛が大切であることは、どの結婚式のスピーチでも語られ、教育や医療や介護の現場で語られ、さらには商品のコマーシャルにも、あるいは政治の世界にも出てくるのではないかと思われます。これに対し「信仰」は決して語りやすい言葉とは言えないでしょう。愛がどんな人をも温かく包む言葉として語られるのに対し、信仰は異なる生き方を排除し、争いをもたらすように誤解されています。それで今朝、説教の題を「愛より、むしろ信仰」として教会の前に掲げるのに、多少躊躇がなかったわけではありません。そもそもキリスト教こそは「愛の宗教」であることが多くの人に知られているのではないでしょうか。しかし今朝の御言葉は「愛より、むしろ信仰」と語っています。それを聴きとらなければ、今朝の聖書の言葉から聞いたことにならず、本当の愛もまた不可能になるのではないかと思われます。

「愛より、むしろ信仰」と語っているのは、お読みいただいた箇所の最後の六節です。「キリスト・イエスに結ばれていれば、割礼の有無は問題ではなく、愛の実践を伴う信仰こそ大切です」とあります。ここは信仰こそ大切ですと語って、その信仰を説明し「愛によって働く信仰」と言っているわけです。つまり、愛の起源である信仰こそが大切と言っています。それはどういうことでしょうか。

この箇所の文脈を振り返ってみますと、ここはキリスト者の生活、さらには倫理を語り始めている箇所です。直前の五章一節ではイエス・キリストの御業、その贖いの業が「わたしたちを自由の身にしてくださった」という表現で語られました。そして、だから堅く立ちなさいと勧められて、奴隷のくびきに二度とつながれてはなりませんと言われました。それがキリスト者の倫理を語り始める言葉であったわけです。そしてここで「愛」という言葉が出てきます。ガラテヤの信徒への手紙で「愛」が語られるのは、この五章六節が最初です。ですから六節は、「キリスト・イエスに結ばれていれば、割礼の有無は問題ではなく、愛こそ大切です」と言うべきところと思われます。しかし聖書はそう語らないで、ここでも大切なのは信仰、「愛によって働く信仰」が大切だと語りました。文字通りには「大切なのは信仰、その信仰が愛によって働く」と語ったのです。

聖書は決して安易に愛から語り出しません。その点では聖書は現代の社会とは違います。人間の愛によって人々を救うとか、愛によって救われるなどと簡単に言わないのです。愛によって義とされるとも言いません。義とされ、救いに入れられるのは、ただキリストのみによることです。「キリスト・イエスに結ばれていれば」と言います。文字通りには「キリスト・イエスにある」ということで、それが決定的です。キリスト・イエスの恵み、その力が働く圏内にいること、キリスト・イエスの恵みの支配圏に身を置くことが欠かせません。それ以外では最後の審判に耐えることはできないのです。

聖書は救いについて「義とされる」という言葉で語ります。これには二つの語り方があります。キリスト者は信仰によって、つまりキリストを神の恵みの救い主と信じることによって、すでに義とされています。洗礼を受け、聖霊を受けて「神の子」とされ、キリストの救いの御業によって神との平和の中に生かされています。「霊により、信仰に基づいて」すでに義とされながら、しかし同時にそのまったき実現を待ち望んでいます。すでに義とされていながら、そのまったき義の実現を希望のうちに待っています。そういう二重の意味で義とされるなかにいるわけです。すでに義とされたことを感謝し、そしてまったき義の実現を希望するという二重のあり方をしています。

もう一度六節を見ますと、「キリスト・イエスに結ばれていれば」とあります。つまり「キリスト・イエスにある」中で、割礼の有無は問題ではないと言われます。かつて割礼を受けて、今、ユダヤ教徒であるか、あるいは割礼を受けていない、つまり異邦人であるかといったことは問題ではないと言います。割礼のあるなしは、もはや意味をもたない、意味をもつのはただ信仰だけです。それがキリスト・イエスにあるということです。それにしても、これから割礼を受けようとするなら、それは話が別で、割礼を受けるなら、律法全体を行う義務を負う、そして律法によって義とされようと意志するわけで、それをどうでもよいと聖書は言いません。それはキリストから離れようとすることで、キリストと無関係になろうとすること、そして「キリストは何の役にも立たない方になる」と言います。「役に立たない」というのは、最後の審判のときにキリスト・イエスの力の外に立つことになるという意味です。

私たち人間は、どこまでも自分勝手な都合で考えますから、たとえ何をしたとしてもキリストの恵みの中にいられないのかと問うかもしれません。キリストが救い主であれば、信仰があろうとなかろうとよいではないか、割礼を受けてもよいだろうし、律法を遵守する努力をしてもよいではないか、どうして割礼を受けようとする人もキリストの恵みの中においてくださらないのかと思うかもしれません。しかし聖書は人間の自分勝手な考えを許しているわけではないのです。たしかに聖書はキリストにある神の愛を語ります。そしてそこから何ものも私たちを引き離すことはできないと語ります。死も命も、現在のものも、未来のものも神の愛から引き離せないと語ります（ロマ八・三八以下）。しかし信仰なしで、霊にもよらず、自ら割礼を受けて、律法によって義とされようとするなら、その人はキリストから離れる、キリストの恵みの力の外に身を置くことになると言うのです。

聖書が語る信仰の問題は、人間の勝手気ままや、二股かけた話を許していません。それは神に通じるものではないと言われます。このことは厳粛に受けとめなければならないでしょう。信仰がなくても救われるとか、律法を守る努力で義とされるとか、キリストから離れ、恵みを失っても救われるといった話は聖書にはないのです。それは真理でないからです。

そこで「キリスト・イエスにあるなら大切なのは信仰」と言われます。ただ「キリスト」と言われず、「キリスト・イエス」と言われているのはなぜでしょうか。キリストといっても、キリスト・イエスと言っても同一のキリストです。同じキリストですが、しかし敢えて「キリスト・イエス」と言うときには、キリストはイエスである、イエスがキリストなのだと言っているわけです。十字架に架けられ、復活させられたイエス、そのイエスがキリストであるという信仰の言葉です。信仰というのは、イエスがキリストであり、主であると信じることです。「口でイエスは主であると公に言い表し、心で神がイエスを死者の中から復活させられたと信じるなら、あなたは救われる」（ロマ一〇・九）と言われます。「主の名を呼び求める者はだれでも救われる」（ロマ一〇・一三）とも言われます。信仰は「主の名」を呼ぶこと、キリスト・イエスを呼んで、その恵み、その力に信頼することです。「信じます、信仰のないわたしをお助けください」（マコ九・二四）と主イエスに叫ぶこと、祈ることです。

聖書の信仰は、イエス以外を主キリストとしません。信仰は、イエスを復活させた神のみを神とします。それ以外の神を神としません。キリスト・イエスを救い主と信じます。ですから割礼を受けようとはしないのです。お守り袋を持ちはしないでしょう。神社参りもしないでしょう。もろもろの霊力に支配されません。割礼を受けるなら律法全体を行う義務があるとパウロは言いました。聖書的信仰は、あれもいい、これもいいとは言いません。あれもこれも必要とも言いません。必要なことはただ一つです。主イエスの足もとに身を置き、主の御言葉に聞くことです。それ以外のものは要らないのです。

誰が主か、誰の名を呼ぶかははっきりしています。色々な主がいるとか、多くの名を呼ぶ道があるわけではありません。私たちのために恥辱を受け、十字架にかかったお方は唯一人、キリスト・イエスのみです。そのイエスを聖霊によって死者の中から復活させた神は、父である神のみです。キリスト・イエスにあって主の名を呼ぶ信仰こそが大切であり、その信仰が、愛の起源だと言われているのです。キリスト・イエスの愛を受けている信仰だからです。この方を信じる信仰が愛によって働く信仰であり、愛の起源である信仰です。キリスト・イエスにおける神の愛に捉えられているからです。

愛が語られる時、安易な仕方で人間の業としての愛が言われていないかどうか、信仰に起源をもった愛が語られているかどうか、信仰者は吟味するでしょう。愛を語る有名な聖書の箇所としてコリントの信徒への手紙一の一三章があります。「信仰と、希望と、愛、この三つはいつまでも残る」と言い、「その中で最も大いなるものは、愛である」と記されます。この三つはいずれも人間の業として語られているのではありません。神からの霊の「賜物」として語られています。最も大いなるものは愛です。しかしその愛が賜物であれば、愛の起源は、神からの賜物を受け取る信仰ではないでしょうか。大いなるものを言えば愛、しかしその起源を問われれば、「愛より、むしろ信仰」と言わなければならないでしょう。人間の業からはじまる人間の愛を聖書は大いなるものと語ってはいません。キリスト教信仰はヒューマニズムではないのです。「キリスト・イエスにある」、そのことに信仰によって徹するのでなければ、敵をも愛す愛は始まらないのではないでしょうか。キリスト・イエスにあること、そこに徹すること、それが信仰です。キリスト・イエスの名を呼び、キリスト・イエスにあって神を信頼し、キリスト・イエスの恵みの中にいつづける。それが信仰であり、そのイエス・キリストにある信仰こそが愛によって働く信仰です。

愛によって互いに仕えなさい

五章一三―一五節

兄弟たち、あなたがたは、自由を得るために召し出されたのです。ただ、この自由を、肉に罪を犯させる機会とせずに、愛によって互いに仕えなさい。律法全体は、「隣人を自分のように愛しなさい」という一句によって全うされるからです。だが、互いにかみ合い、共食いしているのなら、互いに滅ぼされないように注意しなさい。

世界には自由がないために苦しんでいる地域や国があります。逆に自由はあるけれども、その自由を生きる難しさ、自由を乱用することで苦しんでいる地域や国もあるのではないでしょうか。自由によって規範が曖昧になり、道徳もルーズになって、いわゆる規範喪失社会、アノミーになっている状態もあります。フランスの社会学者デュルケームが『自殺論』を出版したのはもう一〇〇年以上前ですが、その中でデュルケームは、「アノミー的自殺」について書きました。規範や規制があいまいで希薄な環境のもとでは、人間の欲望が無制限に膨らみ、誰もそれを満足させられない状態になると言いました。自由があって規範がないのも辛い状態に違いありません。日本はどうでしょうか。まだまだ自由がないという面と共に、自由のために規範を失い、どう生きてよいか分からなくなっている面もあるのではないでしょうか。いずれにしても「本当の自由」ではないということでしょう。

ガラテヤの信徒への手紙はこれまで割礼を受けて律法のもとに戻ろうとするユダヤ主義者の誘いに対抗して、二度と奴隷のくびきにつながれてはならないと記してきました。主イエス・キリストは、十字架の贖いによって律法の呪いを滅ぼし、「自由を得させるためにわたしたちを自由の身にしてくださった」と語ってきました。律法の奴隷にも世の諸力の奴隷にもならない自由が意味されていました。ところがここでは自由が肉の働く機会にならないよう、そして「互いにかみ合い、共食いしているのなら、互いに滅ぼされないように注意しなさい」(一五節)と言われます。ガラテヤの諸教会にこういう自由の乱用とその結果としての互いの不和、嚙み合い、共食いといった状態が現実に起きていたのでしょうか。

聖書解釈者の見解は分かれます。そういう現実が教会にあったと見る見方もありますし、いやまだそうではなかったが、パウロはそうなってはならない、自由が悪用されれば、互いの不和になると、先立って警戒したと見る見方もあります。ガラテヤの諸教会の大きな試練は割礼に誘われ、律法の奴隷にされることでした。しかし他方でヘレニズム世界を広く見渡せば、自由を悪用して放縦な生活に陥る不道徳もあったのです。古代ヘレニズム世界にあってキリスト教会を悩ませ、教父たちが論敵として戦ったグノーシス主義も、律法主義とは逆の方向に人々を誘惑しました。彼らは聖書から旧約聖書を排除しました。しかしそれもまた本当の自由に生きる道ではなかったのです。

そこで聖書は語ります。「兄弟たち、あなたがたは、自由を得るために召し出されたのです」（一三節）。ここに「召し出す」という言葉が使われています。「キリストがわたしたちを自由の身にしてくださった」のですが、それは私たちの側から言うと、私たちは「召し出された」のです。召し出してくださったのは神です。自由を得るためにキリストの十字架の贖いの死を通して神は私たちを召してくださいました。「召し出す」というこの言葉は、一回的な行為を意味する語形で記されていて、洗礼を受けることを通して自由へと決定的、一回的に召し出されたと解釈されます。「キリストはわたしたちを自由な身にしてくださった」（五・一）という御言葉は、キリストの十字架の出来事、主の贖いの死を語っています。「神が自由を得るために私たちを召し出してくださった」という御言葉には、主イエスの贖いの死に基づいて、その死に洗礼を通してあずかったことが意味されています。洗礼にはまた聖霊の注ぎが結びついています。「あなたがたは、自由を得るために召し出された」という言葉には、主の十字架の贖いの死、それにあずかる洗礼、そして聖霊の注ぎを通して召し出されたことが意味されています。この「召し出された」という言葉と「教会」という言葉も関連しています。日本基督教団信仰告白の中に「教会はキリストの体にして、恵みにより召されたる者の集ひなり」と言いますが、「召し出された」という言葉は、教会に加えられたことも意味します。そのようにして神の子の自由を生きる者にされたのです。

そこでこの自由を「ただ、肉に罪を犯させる機会を与えるものにせず」、「愛によって互いに仕えなさい」（一三節）と勧告されます。「愛によって互いに仕えよ」という使徒の勧告は、この文脈で考えると、実は驚くべき表現を含んでいます。と言いますのは、ただ「互いに愛しなさい」と言っているのではないからです。「互いに愛せ」も「愛によって互いに仕えよ」も、意味は変わらないと思われるかもしれません。しかし「仕えなさい」と言っています。ガラテヤの信徒への手紙は「奴隷のくびきに二度とつながれてはならない」ということを中心に書かれてきたのではなかったでしょうか。律法の奴隷になるな、この世の諸力（ストイケイア）の奴隷になるな、何のためにキリストの十字架の贖いがあったのか、主の十字架の贖いはあなたがたを自由の身にさせてくださった。そう語って来て、その挙句、ここで、自由を得るために召し出されたからには、愛によって互いに奴隷として仕えなさいと言われるわけです。キリストの贖いによる自由は、主に召し出された兄弟姉妹の愛による相互的な奴隷的奉仕になると言われます。

「仕える」に含まれている「奴隷」という言葉には驚かされます。ただ愛するのでない、愛によって僕として互いに仕え合う。そう言われているのは、私たちを自由にしてくださったキリストの十字架の贖い、その死の特質からきているでしょう。主の十字架の贖いの死は、愛の業でしたが、それは主が僕として仕えてくださった愛の業です。その贖いによって与えられた自由が神の子の自由であれば、他の何者の奴隷のくびきに繋がれるものではないとともに、利己的な欲望を気ままに解放して放縦の生活に耽ることでもありません。放縦な生活は愛の欠如になり、「互いにかみ合い、共食いする」不和や争いに帰着します。

キリストが自由にしてくださったのは、キリストの愛によることでした。それは「僕となって仕える」ことに具体化された愛でした。キリストの愛、神の愛によって救われたというのは、キリストが十字架の死に至るまで従順であり、「僕の姿」にまでなったことによったのです。それで私たちは「主の僕」とされました。主の僕ですから、主の僕として主に仕える兄弟姉妹の間で「愛によって互いに僕として仕えなさい」と勧告されるわけです。

「使徒の勧告」があって、キリスト者の新しい生き方が指示されます。使徒的勧告と言われる信仰による倫理的勧告です。新しい福音的な律法と言ってもよいでしょう。本日から教会修養会が行われます。「義とされ、聖とされて、歩む」という主題によって過ごされます。今朝の御言葉で言いますと、「兄弟たち、あなたがたは自由を得るために召し出されたのです」。ここに義と認められた神の子の自由が語られています。そしてそれに基づいて自由をどう生きるか、使徒的勧告が聖化の歩みを導きます。その中心が、「愛によって互いに仕えなさい」という勧告です。使徒的勧告を通して「神のご命令」があると言ってよいでしょう。神の子の自由は神のご命令を受けて生きる自由です。「神のご命令」という言葉は、普段、あまり聞き慣れないかもしれません。しかし神のご命令があります。それを受けとめることによってキリスト者の自由な生活が定まってきます。

東京神学大学の学長を引き受けた当時のことですが、いまでもそうでしょうが、経済的な問題やその他種々のことがあって、決して楽な道ではないと分かっていました。当時いろいろな方から激励や助けの言葉をいただきました。忘れられないのは四国教区を訪問したときのことです。一人の先輩牧師が私に言った言葉で、「あなたがその道を行くのは神様のご命令です」というのです。それを語った牧師は、東京から高知県の農村の教会に赴任し、枝教会を生み出しながら、生涯そこに身を捧げて伝道してきた方です。伝道者としての自分の歩みを神様のご命令として受けとめてきた人の言葉は、素直に心に収まりました。「神様のご命令」であれば仕方はありません。自分を憐れむことはしないでしょう。他者を羨むこともありません。どうしたってこうでなければならない人生です。神のご命令に従って歩む人生に本当の自由がありま す。色々な工夫によって仕える豊かさもあります。

「愛によって互いに仕えなさい」。使徒の勧告は私たちに対する神のご命令を伝えています。他者の生き方や境遇を羨むなら、自由な道は失われ、「愛によって互いに仕える」ことはできません。自分の人生や環境について自己憐憫に陥っていたら、それも自由ではなく、「愛によって互いに仕える」ことはできません。「愛によって互いに仕えなさい」。これは使徒の勧告です。そこに「神様のご命令」が示されています。そのとき心は定まり、力が湧いてきます。神のご命令であれば、神の子の自由をもって歩むべきであり、またそうすることができると信じられるからです。

霊の導きに従って歩みなさい

五章一六―二六節

わたしが言いたいのは、こういうことです。霊の導きに従って歩みなさい。そうすれば、決して肉の欲望を満足させるようなことはありません。肉の望むところは、霊に反し、霊の望むところは、肉に反するからです。肉と霊とが対立し合っているので、あなたがたは、自分のしたいと思うことができないのです。しかし、霊に導かれているなら、あなたがたは、律法の下にはいません。肉の業は明らかです。それは、姦淫、わいせつ、好色、偶像礼拝、魔術、敵意、争い、そねみ、怒り、利己心、不和、仲間争い、ねたみ、泥酔、酒宴、その他このたぐいのものです。以前言っておいたように、ここでも前もって言いますが、このようなことを行う者は、神の国を受け継ぐことはできません。

これに対して、霊の結ぶ実は愛であり、喜び、平和、寛容、親切、善意、誠実、柔和、節制です。これらを禁じる掟はありません。キリスト・イエスのものとなった人たちは、肉を欲情や欲望もろとも十字架につけてしまったのです。わたしたちは、霊の導きに従って生きているなら、霊の導きに従ってまた前進しましょう。うぬぼれて、互いに挑み合ったり、ねたみ合ったりするのはやめましょう。

キリスト教信仰は、父である神と御子イエス・キリスト、そして聖霊なる神が、一体の神として唯一の神であると信じています。その中で比較的分かりにくいのは、「聖霊なる神」ではないかと思われます。父である神と御子キリストは、説教の中で繰り返し語られるでしょう。聖霊なる神とその働きについてはどうでしょうか。聖霊としての神の働きは、どのように理解されているでしょうか。今朝の聖書は、「霊の導きに従って歩みなさい」という使徒の勧告を記しています。「霊の導きに従って歩む」とはどういうことでしょうか。そこからまた何が起きるのでしょうか。

今朝の聖書は「わたしが言いたいのは、こういうことです」（五・一六）という書き出しから始まっています。この書き方は、その前に述べたことをもう一度新しい視点から言い直すときに用いられます。その前に述べたこととは、直前の一三節にある「兄弟たち、あなたがたは、自由を得るために召し出されたのです。ただ、この自由を、肉に罪を犯させる機会とせずに、愛によって互いに仕えなさい」という言葉でした。「肉に機会を与えないで、愛によって互いに仕えなさい」という勧告は、言い直すと「霊の導きに従って歩みなさい」ということになるというのです。そして今朝の箇所の最後二五節に同様のことが言われます。「わたしたちは、霊の導きに従って生きているなら、霊の導きに従ってまた前進しましょう」とあります。「霊の導きに従って歩みなさい」と書きはじめられた段落が、「霊の導きに従って前進しましょう」と結ばれているのですから、「聖霊の指導のもとに歩む」ということがこの箇所全体のテーマになると言ってよいでしょう。

「霊の導きに従って生きているなら」とありました。「いるなら」というのは、霊の導きに従って生きていない場合もあると言っているわけではありません。そうでなくて、内容は「霊の導きに従って生きているのだから」という意味です。すでに私たちが霊の導きに従って生きていることが事実として前提されています。聖霊は力として臨み、働き続けています。聖霊は「君臨する勢力」であると説明する人もいます。聖霊は信仰に対する単なる言葉だけの添えものではありません。神の力であり、力における神であって、指導力、支配力、指揮する力をもって私たちを生かし、導いてくださっています。

もう一度二五節ですが、「霊に従って生きている」と言われているのは、どんな事実を指しているのでしょうか。これは具体的に洗礼を受けてキリスト者とされ、そしてキリスト者として生かされている事実を指しています。この箇所に「洗礼」という言葉は一言も出てきません。しかし洗礼が前提されていることは明らかです。「生きている」という言葉自体が、洗礼用語とさえ言われます。洗礼を受けたことによって聖霊を受け、そしてその聖霊の力によって生かされていることを意味します。その前の二四節には「キリスト・イエスのものとなった人たちは、肉を欲情や欲望もろとも十字架につけてしまったのです」とあります。これも洗礼のことを言っているのは明らかでしょう。「キリスト・イエスのものとなった人たち」と言われますが、私たちがキリスト・イエスのものとなるのはどこでかと言えば、それは洗礼においてです。「肉を欲情や欲望もろとも十字架につけてしまった」と言われているのも、やはり洗礼を意味しています。洗礼を受けた時、誰もが肉を欲情や欲望もろとも十字架につけたと自覚していたとは言えないかもしれません。そんな風に考えずに洗礼を受けた人も多くおられるでしょう。しかし洗礼を受けたとき、初めてキリスト・イエスのものにされました。そして主のものとされたことは、古い自分に死んだとも表現できます。自己中心的な思いや時代の勢力に捕らえられた古い自分、あるいは孤独な自分に死んで、キリスト・イエスのものにされたわけです。ですから洗礼によって「わたしたちはキリストと共に死んだ」と言われます。「わたしたちの古い自分がキリストと共に十字架につけられた」(ロマ六・六、八)とも言われます。そのとき「肉を欲情や欲望もろとも十字架につけてしまった」と言っても、少しも大げさなことではないでしょう。「肉」というのは「古い人」を意味する言葉です。主の十字架と共に古い人としての私は死んだ。そして今、聖霊の生かす力によってキリストのものとして新しく生かされています。聖霊は私たちをキリストのものとして新しく生かす神の力なのです。

ですから、洗礼を受けてキリスト・イエスのものとなっている人は、すでに霊の導きの下にあります。洗礼を受けてキリスト・イエスのものとなった人たちは、洗礼のときだけでなく、その後も聖霊の働きによって生かされているでしょう。ですから、事実としてすでに聖霊の指導下に生かされている、それがキリスト者です。しかしその事実で人生の全部が片づいたというのではありません。生かされているなら、歩むことが続きます。霊によって生かされているなら、その事実に基づいて、霊の導きに従って「歩みなさい」(一六節)と勧告されます。聖霊の導きに従って「前進しましょう」(二五節)と呼びかけられます。

聖書は、あなたは肉に生きますか、それとも霊の導きに従いますか、どちらかを選びなさいと言っているわけではありません。もうすでにあなたは霊の導きの下に生かされている、その事実に立脚して、霊の導きに従って歩みなさい、聖霊の指導下に前進しようと語りかけているのです。

ここに、肉の業の一覧表と、聖霊が結ぶ実の一覧表が出てきます。「肉の業は明らかです」と言って、姦淫、わいせつ、好色など一五の悪徳が挙げられています。性的な不道徳が三つ、宗教的な悪の迷信が二つ、偶像礼拝と魔術です。それに他者に対する悪が、数は一番多く、敵意、争いなど八つの悪が挙げられています。そして最後に泥酔と酒宴という、飲酒に関わる悪が挙げられています。しかしその上で「その他このたぐいのものです」と結ばれていますから、この一覧表は完結しているわけでないことも明らかです。ですからこの一覧表を完成したものと言うことはできないでしょう。さらに悪の数を拡大して挙げることも可能なわけです。類似の一覧表はローマの信徒への手紙一三章にも見られます。そこには「酒宴と酩酊、淫乱と好色、争いとねたみを捨て」（ロマ一三・一三）と言われ、飲酒関係と性的不道徳、それに対人関係の悪が二つずつ、合計六つの悪が挙げられています。宗教的迷信の悪はそこには記されていません。ですから、御言葉の聞き方として一つ一つの悪の項目が重大と言うよりも、むしろ全体として肉の業に支配されず、洗礼を受けた者として霊の導きの下に歩むこと、そしてこの身に霊が実を結ぶことが重大でしょう。聖霊の指導下にすでに生きているのですから、聖霊の指導下に歩む、それが信仰者です。誘惑や挫折があるかもしれません。しかし聖霊の力で生かされていることが揺らぐことはありません。だから霊の導きに従って歩みなさいと言うのです。

ジョン・ヘンリー・ニューマンが作詞した讃美歌七二番（一九五四年版）に「十字架に死にたるひとをばあおぎ、わが身のよこしまほろぼしつくす」とあります。すさまじい信仰者の修道的姿勢が歌われていると言えるでしょう。その意気込みも無意味ではないでしょう。しかし御言葉は、洗礼によってすでに「わが身のよこしま」は十字架につけられてしまったと語っています。聖霊の威力ある導きの下におかれているのです。私たちの克己勉励の修養でなく、私たちの自力を越えた聖霊の力、生かし、歩ませ、そして実を結ぶ力が働いています。それを信じて歩むことです。主イエスは悪霊を追い出しになったとき、「わたしが神の指で悪霊を追い出しているのであれば、神の国はあなたたちのところに来ているのだ」（ルカ一一・二〇）と言われました。「神の指」と言われたのは聖霊を指しています。「指」が示すのは、繊細な神の力です。主イエスが現臨されるとき、聖霊もまた共にいて神の国の力を繊細に発揮してくださいます。

聖霊の結ぶ実として「愛と喜びと平和」が真っ先に挙げられています。愛も喜びも平和も、聖霊が結んでくださる実ですから、私たちが自分で造り出すものではありません。恵みの賜物として受け取るものです。聖霊は、愛と喜びと平和を実として結ばせる繊細で強力な神の力です。キリストのものとされた人々に、キリストのものである愛、喜び、平和、そして寛容と親切、キリストがお持ちのものを、私たちの身に果実として実らせてくださいます。人間的に不可能なときにも、愛が実を結びます。喜びが湧きます。平和が生まれます。「霊の導きに従って歩みなさい」という勧告は、聖霊の実を結ぶ力を信じてよい、それに信頼して歩んでよいということです。挫折に沈み込まなくてよい、絶望に終わらなくてよい、聖霊の指導下に歩むことができる。それが証拠に、いますでにキリストのものとされて生かされている事実があるのではないでしょうか。

「前進しましょう」と言われているのは、元来は軍隊用語で「隊列に並べ」という意味です。列に加わりなさいと言うのです。霊の導きに従って前進するのは、一人孤立して進むのでなく、また一人一人がばらばらに進むのでもありません。一丸となって前進すること、神の民の列に加わって前進することです。教会はその隊列です。この隊列はどこに向かって前進するのでしょうか。それは肉の業は「神の国を受け継ぐ」ことはできないと言われていることによって分かります。神の国を受け継ぐまで、そこに向かって前進します。そうさせてくださるのが聖霊です。

互いに重荷を負いなさい

六章一—五節

兄弟たち、万一だれかが不注意にも何かの罪に陥ったなら、〝霊〟に導かれて生きているあなたがたは、そういう人を柔和な心で正しい道に立ち帰らせなさい。あなた自身も誘惑されないように、自分に気をつけなさい。互いに重荷を担いなさい。そのようにしてこそ、キリストの律法を全うすることになるのです。実際には何者でもないのに、自分をひとかどの者だと思う人がいるなら、その人は自分自身を欺いています。各自で、自分の行いを吟味してみなさい。そうすれば、自分に対してだけは誇れるとしても、他人に対しては誇ることができないでしょう。めいめいが、自分の重荷を担うべきです。

誰かが過ちに陥っていたら、あなたはどうするでしょうか。その過ちの内容が何であるか、その人が誰で、あなたとどういう関係にあるかということによって異なってくるかもしれません。同じ信仰の群の一人の過ちに対してどうするかということは、過ちを犯した人にとってだけでなく、それを知った人にとっても、またその群にとっても重大なことです。ガラテヤの信徒への手紙の五章、六章には、キリスト教信仰の生活と倫理が記されています。その中でパウロは、「万一だれかが不注意にも何かの罪に陥ったなら」（六・一）どうすべきかを記しました。

今朝の箇所は「兄弟たち」という呼びかけで始まります。この呼びかけが記されるのは、この手紙で実は六度目のことです。一章一一節にも、三章一五節にも、四章二八節と五章一一節、そして一三節にも「兄弟たち」という呼びかけが出てきていました。この呼びかけは、重要なことを語るその都度のパウロの書き方です。

「だれかが不注意にも」とあるのは信仰の仲間の誰かがということです。「罪に陥ったなら」というのは、直前の段落、五章一九節にある「肉の業」の一覧表と関係しているでしょう。性的な不道徳の悪か、宗教的な悪か、人間関係の悪か、あるいは飲酒に関する悪か、いずれにせよ「肉の業」に陥ったらということでしょう。キリスト者も不注意で何かの悪に陥ることがあります。「あなた自身も誘惑されないように、自分に気をつけなさい」と言われます。二節にはこれが「重荷」という言葉で表現されています。「何かの罪に陥る」ことは、良心の安らぎを失い、その人自身の重荷になり、ときには大変な苦しみになります。ガラテヤの諸教会の中にこうした問題が事実起きたのではないかと思われます。信仰生活を生きながら、過ちに陥り、そのことで本人も、周囲の人々も苦しむ経験があったのではないでしょうか。

このこととガラテヤの人々が律法主義に傾斜したこととは関係があったかもしれません。律法を持ち込むことで、信仰者が陥る過ちを抑えようとしたかもしれません。しかし律法はかえって罪を誘発し、人々にとって呪わしい状態になります。パウロは十字架につけられたままのキリストを福音として眼前に示し出す説教を語りました。そして洗礼を受け、それによってキリストの十字架にあずかり、聖霊を受ける道を語りました。律法と言うなら、モーセの律法でなく「キリストの律法」こそがまっとうされるとも語りました。五章の一三、一四節もすでに同様の趣旨で語られていました。「愛によって互いに仕えなさい。律法全体は、『隣人を自分のように愛しなさい』という一句によって全うされる」と語ったのです。

「だれかが不注意にも何かの罪に陥ったなら」という表現に、もう少し注意を向けたいと思います。「何かの罪」と訳されている言葉は、「何かの過失・過ち」あるいは「道を踏み外すこと」で、「罪」と訳されてよい言葉です。その罪を「柔和な心」で扱うようにと言います。キリストの福音によって、罪の扱いに一大変化が起きたのです。キリストは十字架上で御自分を犠牲にして律法の呪いを砕きました。それによって同時に罪を砕いたのです。それによって罪と律法の支配から私たちを解き放ってくださいました。キリストの十字架において罪が裁かれ、処断されたとも言われます（ロマ八・三）。キリストの贖いには罪を裁き、罪そのものを律法もろとも破棄する力がありました。罪は処断され、もはや神と私たちを引き裂く力を持っていません。私たちが洗礼を受けた時、キリストの十字架にあずかって罪に対して死んだと言われます。キリストにあって罪の責任を問われなくなったとも言われます。それなのに誰が訴えるでしょうか。誰が私たちを罪に定めることができるでしょうか。誰も私たちを訴え、有罪の判定を下せる者はいないと言います。キリストがとりなしてくださるのだから（ロマ八・三三以下）です。

私たちは、確かにキリストのものとされた後もなお誘惑を受け、何かの罪に陥ることがあります。しかし猛威を振う荒々しい罪の力はもはや砕かれ、キリストの十字架によって罪の問題は一変したのです。私たちがキリスト者とされ、罪に対して死んだなら、なお不注意で陥る罪や過失があったとしても、それはもはや本来の罪ではありません。本来の罪はキリストの十字架によって裁かれ、砕かれました。あるのはその残余にすぎないのです。

パウロは「肉の業」がなお残っていることを知っています。しかしそれはもはや決定的なものでも、深刻なものでもありません。キリストの愛から引き離すことができるようなものではないからです。それは十字架上に砕かれた罪の残りかすにすぎないわけです。ですから、誰かがそれに陥ったとき、「そういう人を柔和な心で正しい道に立ち帰らせなさい」と言われます。罪はいまや「柔和な心」で扱われるべき問題になったのです。

「柔和な心」は「霊の結ぶ実」に挙げられています。霊の結ぶ実には愛があり、また喜びがあり、平和がありました。それとともに「柔和」（五・二三）が含まれています。キリストの十字架における猛烈な贖罪の御業がなされた今は、霊の結ぶ実である「柔和な心」によって、「何かの罪に陥った人」を「正しい道に帰らせなさい」と言われるのです。信仰の群はすでにキリストの贖いの圧倒的な恵みの圏内にいるからです。

「正しい道に帰らせる」というのも、実際にそのことに心砕いて努めたなら、色々な苦心や困難のあることでしょう。しかしその困難はここには記されていません。難しさはなおあるとしても、もはや強調されることではないのです。強調されているのは、ただ、霊の人々が霊の結ぶ実によって行動することです。それが柔和な心です。私たちの周囲にはなお激しい犯罪が行われる社会があります。しかしキリストの贖いの圧倒的な力のもとに生きる群は、柔和な心で罪に対処し、正しい道に帰らせる、そういう群だと言われます。

霊の人自身も「誘惑されないように、自分に気をつける」ようにと記されています。そして「互いに重荷を担いなさい」と言われます。「互いに担う」とは、他者の過ちを担うことですが、同時に自分の過ちを担ってもらうことでもあります。霊の人は自分の過ちを担ってもらう人のことです。

宗教は一般に人間に確信を与えるものと考えられているでしょう。その分その人を頑固にする場合もあるのではないでしょうか。今日の教会では比較的稀かもしれませんが、信仰によって時には自信満々になるケースもあるのです。宗教的確信が他者を圧迫し、他者を裁くことも起こります。しかし信仰によって自信満々になって、うぬぼれに陥るのは、本当の霊の人の道ではないでしょう。逆の現象で、信仰がいつも自分を不安にさせる場合があるかもしれません。それも信仰の本来の姿ではないと言わなければなりません。キリストの贖いと執り成しのもとで平安の中におかれるのが、信仰の姿です。霊の人が確信を持つのは、自分の力によってではありません。自信満々ということでなく、もっぱらキリストに罪を負っていただいたことによります。キリストのゆえに、キリストにあって確信を持つならば、確信を持つことと柔和であることは一つではないでしょうか。自分ではとても負いきれない重荷をキリスト・イエスに負っていただいたという確信が、私たちの不安を払拭し、同時に私たちを柔和にするでしょう。キリストはその十字架によって私たちの罪を砕いてくださいました。とても負うことのできない決定的な重荷、荒々しい罪とその悲惨な結果を、キリストは負ってくださったのです。

キリストにある恵みの中で、互いに重荷を担いなさい、互いに負い合いなさいと命じられています。自分の過失・過ちを他者に負ってもらいながら、自分も他者の重荷を負う。それができるのは、自分で負いきれない罪の重荷を主イエス・キリストによって負っていただいているからです。

「互いに重荷を担いなさい」。これが使徒パウロの勧告です。この使徒的勧告の根底に、あなたがたはキリストによって決定的に担われているという福音が響いています。だから「互いに重荷を担いなさい」と言うのです。五節には「めいめいが、自分の重荷を担うべきです」ともあります。「互いに」なのかそれとも「めいめいが」なのか、矛盾した記述のように思われるかもしれません。「めいめいが」という方は未来形で書かれています。将来の終わりの時、最後の審判のことが意味されていると解釈することもできます。最後の審判では互いに担うことはできません。恵みに相応しく生きて来た人生か、生きて来た自分自身の人生を神の御前に差し出さなければなりません。それがめいめい、自分の重荷を担うということです。しかしそれができるのも、主イエス・キリストによってすでに担われているからです。

終わりの時には、キリストに担われた人生をあなたはどう生きて来たかと問われます。キリストに担われた者らしく私たちの人生を生きて、最後の時に神の御前に立ちたいと思います。そのために、この週もまたキリストに担われた人として互いに重荷を担いながら生きたいと願います。

最後の審判と飽きずに善をなす生活

六章六―一〇節

御言葉を教えてもらう人は、教えてくれる人と持ち物をすべて分かち合いなさい。思い違いをしてはいけません。神は、人から侮られることはありません。人は、自分の蒔いたものを、また刈り取ることになるのです。自分の肉に蒔く者は、肉から滅びを刈り取り、霊に蒔く者は、霊から永遠の命を刈り取ります。たゆまず善を行いましょう。飽きずに励んでいれば、時が来て、実を刈り取ることになります。ですから、今、時のある間に、すべての人に対して、特に信仰によって家族になった人々に対して、善を行いましょう。

キリスト信仰に生きる人生には特徴があります。信仰をもって神様に向いて生きること、そして同時に人々に対して愛をもって生きることです。しかしそれは決して安易なことではありません。

ガラテヤの信徒への手紙は、三章、四章で福音の中心、イエス・キリストの十字架による救いを語りました。それは神様に向いて生きることのできる根拠を語ったわけです。それから五章、六章では信仰者の生活、その倫理的姿勢、つまりは人々に対して愛をもって生きることを語ってきました。今朝の箇所はその結びになっています。六章一〇節は、五章、六章で語って来たことの締めくくりと言ってよいでしょう。その締めくくりの言葉として、パウロは「ですから、今、時のある間に、すべての人に対して、特に信仰によって家族になった人々に対して、善を行いましょう」と語りました。

「善を行いましょう」というのは、どういうことでしょうか。善を行うことは救いにあずかる条件ではなかったはずです。善行がなければ救いに入れないと言うのではありません。しかしそれでもキリストの救いにあずかった者の生活が善を行う生活であるということは、分かるのではないでしょうか。救われた者は救われた者らしく生きるということでしょう。しかし「善」というのは、あまりにも広く一般的な言い方のようにも思われます。キリストによって与えられた救いと信仰者の生活のことを記して、五章一三節ではこう語っていました。「兄弟たち、あなたがたは、自由を得るために召し出されたのです」、これが主の十字架による救いで、神の子とされて神関係に生きることでした。そして「ただ、この自由を、肉に罪を犯させる機会とせずに、愛によって互いに仕えなさい」と言われました。「善を行いましょう」は、「愛によって互いに仕えなさい」と同一のことを語っています。「隣人を自分のように愛しなさい」とも言われます。「善を行う」のは、隣人を自分のように愛することで、それがキリスト教信仰に生きる人の他者に対する姿勢と言われます。

キリスト者の他者に対する姿勢が「隣人愛」であることは、多くの人に知られているのではないでしょうか。キリスト教は「隣人愛の宗教」と見られています。しかしそのため、かえって誰も真剣にはこのことを受け取っていないという現象も生じます。教会の外の人々は、キリスト教が隣人愛の宗教だと知って、皮肉交じりに、自分はそんな立派な態度はとれないと言うでしょう。キリスト者自身も、本当に自分が隣人愛を生きているかと問われれば、確信をもって答えられないのではないでしょうか。自分はなお罪の者であって、隣人愛の実践には程遠いと感じている人が多いと思われます。

しかし今朝の御言葉は「たゆまず善を行いましょう」と呼びかけ、「飽きずに励んでいれば」(九節)と言います。「善を行う」つまり「隣人を愛する」ことは「飽きずに」そして「たゆまず」励むことだと言うのです。「飽きずに」は「倦みつかれず」とも訳され、「落胆しないで」とも訳されます。そしてこれは終わりの時の審判と関連づけられ、終末の緊張と希望に結び合わされて語られていることを意味します。

今朝の箇所は、世の終りの審判を思いに抱きながら、信仰者の善、他者を愛することを語っている箇所です。この箇所で最後の審判が語られているとは一読して思えなかったかもしれません。最後の審判と言えば、ルネサンスの画家ミケランジェロがあのシスティナ礼拝堂の祭壇の背景に描いた荒々しい審判の絵を思い出すかもしれません。あの最後の審判は恐怖の対象にほかなりません。しかし今朝の箇所は穏やかに「飽きず、たゆまず善に、つまり愛に励む、人生の緊張と希望」を記しています。最後の審判は恐怖をあおり立てるのでなく、終りの時に裁きがあるという厳粛さの中で、人生のまじめさを支え、「飽きずに善を励む」ことを勧めます。最後の審判を喪失したら、キリスト者の人生は緊張と希望を失い、人生に飽き、倦み疲れて、まじめさを失うでしょう。

この箇所が最後の審判と関係していることは、六節から一〇節の間に四度にわたって使用されている「刈り取る」という言葉で分かります。七節に見られ、八節に二度、そして九節に出てきます。「刈り取る」というのは終末における収穫を意味します。「肉から滅びを刈り取る」のに対し、「霊から永遠の命を刈り取る」とあって、最後の審判に「滅び」になるか、それとも「永遠の命」になるかと言われているのです。さらに言いますと、九節に「時が来て」とあります。これは「定められた時」、父なる神のみが知っておられる定められた時が来ることを意味します。ですから「今、時のある間に」と言われ、終りの時の裁きを覚えて、今日の信仰生活を誠実に緊張と希望をもって生きることが勧められています。

「自分の肉に蒔く者は、肉から滅びを刈り取る」のに対し、「霊に蒔く者は、霊から永遠の命を刈り取る」とあります。「自分の肉に蒔く」とは、肉の業に耽ること、それも「自分の肉」とあるように、自分中心的な肉の業に耽ることです。それに対して「霊に蒔く」は「自分の霊」とは言われていません。自分の霊でなく、神の御霊による生活が意味されているからです。霊は洗礼と結びついています。洗礼を受け、キリストのものとされ、それによって聖霊を注がれ、「神の子の自由」に生き、御霊が賜物としての実を結ぶ生活です。愛によって互いに仕え、隣人を自分のように愛することは御霊の力によります。キリストのものとされ、聖霊によって「アッバ、父よ」と叫ぶ礼拝に生きて、隣人を愛する力が与えられます。「霊の結ぶ実」について記された五章二二節を読んでみましょう。「霊の結ぶ実は愛であり、喜び、平和、寛容、親切、善意、誠実、柔和、節制です。これらを禁じる掟はありません。キリスト・イエスのものとなった人たちは、肉や欲情や欲望もろとも十字架につけてしまったのです。わたしたちは、霊の導きに従って生きているなら、霊の導きに従ってまた前進しましょう」（二二―二五節）。洗礼によってキリストのものとされ、キリストと共に古き自分に死に、聖霊の導きに従って生き、そして前進する。それが霊に蒔き、愛に生きる、善をなす生き方です。そのキリストと御霊にある生き方が、定められた時が来た時に、霊から永遠の命を刈り取ると言われています。

隣人愛は、「すべての人に対して」向けられます。その上で「特に信仰によって家族になった人々に対して」向けられると記されています。「信仰によって家族になった人々」と言うのは、「信仰の家族」、つまり信仰仲間、信仰の同志です。それはまた「神の家族」であり、教会を意味するでしょう。聖書は「すべての人に対して善を行いましょう」と言いながら、「特に信仰による同志、教会に属する人々」に対し善を行いましょうと呼びかけているわけです。「御言葉を教えてもらう人は、教えてくれる人と持ち物をすべて分かち合いなさい」（六節）とあるのも、信仰によって家族になった人々の関係の中の重要な面として語られていると言ってよいでしょう。

すべての人に対する隣人愛が語られながら、特に同じ信仰の交わりにある同志に対する愛が語られます。これではキリスト教信仰による愛は普遍主義的でない、特殊な教会の交わりを重視していると思われるかもしれません。しかし特殊な教会の交わりが根底にあってすべての人への愛が遂行されます。選ばれた特別な人々の群の生活がすべての人々のために用いられます。特殊から普遍へと進行するのが、聖書が語る筋道です。

説教は、説教者自身の考えでなく、聖書の御言葉を説き明かすものです。しかし一方の聖書と、他方の説教者自身を含めていま生きている会衆との間に橋わたしがなければならないでしょう。それで説教者は聖書の文章を読み、祈り、思いめぐらし、御言葉を聞こうと努力します。自分や周囲の人々の信仰の現実を思い起こし、信仰の課題や悩みを思い巡らします。しかし根本は記されている聖書の言葉そのものですから、それをできるだけ正しく理解する必要があり、それでその箇所を研究している注解書も読まなければなりません。今朝の箇所についても色々な注解書が記されています。日本語で書かれた注解書の中にも世界水準に達した優れたものがあります。しかし人間の業にはいつでも欠けがあるもので、その世界水準に達した優れた注解書の中に次のようなことが記されていました。今朝の箇所で、「特別に善を行う相手を決める基準」として「その人が大きな困難の中にある」ことでなく、「教会員である」ことが挙げられているのは、「問題なしとしまい」と言うのです。人への愛は人類的普遍的であるべきで、特に信仰仲間、教会の信仰の同志に対する愛を優先させているのは問題だというのです。果たしてそうでしょうか。その解釈で聖書を聖書として読めているでしょうか。聖書はすべての人を視野に置きながら、神の祝福がすべての民に及ぶために、アブラハムとの契約があったと記しています。聖書は、神の契約を根本的に踏まえて記されています。キリストの十字架の血は「多くの人のために流されるわたしの血、契約の血」（マタ二六・二八）と言われます。それによって、選ばれて洗礼を受け、聖餐にあずかる主の弟子たちが集められ、そして派遣されます。すべての人に対して善を行うために、特に信仰によって契約の家族になった人々が必要なのです。すべての人に神の祝福が及ぶように仕えなければなりません。それゆえ教会は祝福の基となって、すべての人に神の祝福が及ぶように仕えなければなりません。信仰の契約仲間をまず愛することができなかったら、全人類を隣人愛で包むことはできないでしょう。ガラテヤの信徒への手紙が、すべての人への愛を語りながら、「特に信仰によって家族になった人々に対して、善を行いましょう」と勧めている御言葉は、まさしく聖書にそうあるべき御言葉ではないでしょうか。この御言葉に従いたいと思います。

十字架の誇り

六章一一―一六節

このとおり、わたしは今こんなに大きな字で、自分の手であなたがたに書いています。肉において人からよく思われたがっている者たちが、ただキリストの十字架のゆえに迫害されたくないばかりに、あなたがたに無理やり割礼を受けさせようとしています。割礼を受けている者自身、実は律法を守っていませんが、あなたがたの肉について誇りたいために、あなたがたにも割礼を望んでいます。しかし、このわたしには、わたしたちの主イエス・キリストの十字架のほかに、誇るものが決してあってはなりません。この十字架によって、世はわたしに対し、わたしは世に対してはりつけにされているのです。割礼の有無は問題ではなく、大切なのは、新しく創造されることです。このような原理に従って生きていく人の上に、つまり、神のイスラエルの上に平和と憐れみがあるように。

手紙を書くとき一番伝えたいことはどこに書くでしょうか。挨拶の言葉から始めて、本文に入り、まずはその初めの部分ではないでしょうか。そして手紙の終りは、伝えたいことそのものよりも、むしろ短くても終りの挨拶を記すのではないでしょうか。しかしガラテヤの信徒への手紙では、終りもまた重要な内容になっています。そのことは、この最後の部分でパウロが「このとおり、わたしは今こんなに大きな字で、自分の手であなたがたに書いています」と記していることから分かります。ギリシア語本文によると「ごらんなさい。どんなに大きな字であなたがたに書いているか、それも自分の手で」（一一節）と言うのです。

「自分の手で」と言っているのは、筆記者の手を借りて口述筆記しているのでなく、自分自身で筆を執って書いているということです。「こんなに大きな字で」というのは、パウロは天幕づくりの職人だったので、字を書くと繊細でなく大きな字になったという解釈もあります。しかしそれよりむしろ、ここに書かれている内容の重大さを表すと受け取るべきでしょう。手紙の終りに当たってパウロは、もう一度、この手紙にとって最も重要なことを記そうとします。

この手紙が書かれた目的は、これまでに何度も語ってきたように、割礼を受けるようにとの誘いに決して乗ってはならないと、注意を与えることでした。割礼主義者たちは、自分では律法を守らないのに、あなたがたに無理やり割礼を受けさせようとしていると言います。その人たちもキリスト教伝道者のはずですが、ユダヤ主義的です。彼ら自身が厳格なユダヤ教徒たちを恐れていると考えられます。キリストの十字架のみの救いを語るとユダヤ教徒たちから迫害されるからです。彼らはそれを恐れていました（一二節）。「キリストの十字架のゆえに迫害されたくないばかりに」、彼らはガラテヤの人たちに割礼を受けさせることに必死だったのです。しかし誰かを恐れている人の言葉には、警戒が必要です。

この問題にあわせてパウロは「信仰者は何を誇るか」という問題について語りました。あなたがたに割礼を強いる人々は割礼を受けたあなたがたの肉を誇ろうとしている、しかしキリストの使徒としてのパウロには、誇りとするものはキリストの十字架のほかに決してあってはならないと言うのです（一四節）。「誇る」という言葉は、聖書の他の箇所にも出てきますが、パウロ書簡の中でかなり多く用いられています。パウロは「キリスト者の誇り」を語って、信仰生活の有り様を示しました。何を誇るか、どこに誇りを持つか、「キリスト者の誇り」を明確にすることで信仰生活は定まってきます。「誇る者は主を誇れ」とパウロは言いました。あるいは「律法を誇ってはならない」と言い、「だれも人間を誇ってはならない」（一コリ三・二一）とも語りました。「自分を誇ることをしない」と書いている箇所もあります。自分を誇るなら「弱さを誇る」（二コリ一一・三〇、一二・九）と言い、あるいは「苦難を誇る」とも言っています。中で信仰に生きている「あなたがたを誇る」（二コリ一・一四）と語っている箇所もあります。中でも典型的なのは、イエス・キリストによって「神を誇る」という表現です。この表現をパウロはローマの信徒への手紙の中の二箇所（ロマ二・一七、五・一一）で記しています。そして今朝の箇所では「わたしたちの主イエス・キリストの十字架のほかに、誇るものが決してあってはなりません」と記したのです。ただ「十字架」、あるいは「キリストの十字架」と言っているのでなく、「わたしたちの主イエス・キリストの十字架」という仕方で、あらたまった語り口、正式な表現で、荘重に語っています。わたしにとっては、誇りは「わたしたちの」「主」「イエス」「キリスト」、「その十字架」のほかに決してあってはならないと言うのです。「誇る」ということは、このパウロの用法では「信頼する」ことを意味します。それだけでなく「喜ぶ」ことも含んでいます。信仰者が誇るのは、歓喜の表現でもあります。そして栄光とすること、讃美することです。そのようにすることで、その誇りの中で信仰者は高揚させられます。礼拝はこのキリスト者の誇りを表すでしょう。そうした信頼を寄せ、歓喜を見出し、栄光を見、讃美する、それは「キリストの十字架のほかにはない」「決してあってはならない」と語ったのです。

しかし「十字架を誇る」という表現は逆説的で、分かりにくかったのではないかと思われます。なぜなら、十字架は言うまでもなく痛みや苦難、そして死と惨めさを表わすからです。そして福音書が主イエスの十字架を伝え記しているように、十字架に架けられた者は道行く人の嘲笑の的になりました。十字架は恥辱にほかなりませんでした。「誇る」のは、自分にプラスになる、偉大なことが達成されることを誇るのではないでしょうか。主の十字架を誇るというのは、まさしく恥辱にほかならない主の十字架、主イエスの痛みと惨めさそのものである十字架が、私たちにはそれ以上ない偉大なものを与えていることに理由があります。キリストがその十字架によって成し遂げてくださったことを感謝して、その主の十字架を誇るのです。それを喜び、それに頼り、それを栄光とし、それを讃美します。キリストが十字架にかかって成し遂げてくださったこと、ガラテヤの信徒への手紙はそれを「キリストはわたしたちを自由にしてくださった」と語り、あるいは「神の子にしてくださった」と表現してきました。そしていまこの箇所では「十字架によって、世はわたしに対し、わたしは世に対してはりつけにされた」（一四節）と語ります。世に対してキリストと共にわたしも死に、世はわたしに対して死んだのです。ですから主の十字架によって、世とそれに属するものの終りを知って、その迫害の力を恐れないのです。この世の諸力も律法も、キリストの十字架によってはりつけにされました。律法もこの世の勢力（ストイケイア）ももはや力を奮えません。主の十字架によって、私たちはそれらから解放され、神の子の自由の中に生かされています。

「この十字架によって、世はわたしに対して死に、わたしは世に対してはりつけにされています」。パウロのこの言葉は、世と私の間に主の十字架が割って入って、立っていることを意味しています。キリストの十字架は、通常、神と私の間に立ってくださいます。それによって神からの裁きをキリストが代わって受け、私たちの罪が砕かれ、罪人である私たちは赦しを受け、神との平和に入れられます。その同じ主イエス・キリストの十字架が今朝の御言葉によれば、世と私の間に割って入って立っています。この主の十字架にあって、世は私に対して死に、私は世に対して死んでいます。ですから、私たちはキリストの十字架抜きに、いわば裸で直接世と対面するのではないのです。主の十字架を間に挟んで、主イエスを身にまとって、世と向き合います。それがキリスト者です。そうすると、世は私に対して死に、私は世に対して死んだと言うのです。パウロの反対者たちのように、ユダヤ教徒を恐れ、その迫害を恐れるということはもう終っています。律法主義も世の力も、自分に対して死んでいます。私たちの内にも外にもなお世はあるでしょう。わが身の内になおある邪《よこしま》も世です。しかしキリストの十字架によって、世はわたしに対し、わたしは世に対して死んで磔《はりつけ》にされています。十字架によって世が終わっている、そういう主の十字架による終末論を聖書は伝えています。

これがあって、「新しい創造」が言われているのです。大切なのは、割礼を受けているか、いないかではありません。それはもう終っています。そうでなく、「新しく創造されることです」。「新しく創造される」というのは、「キリストにある」ということです。そしてキリストと共に生かされていることです。私たちは世の勢力の奴隷から「神の子の自由」に、「自由な神の子」に移し替えられています。キリストにあって、バプテスマ（洗礼）を受け、キリストのものとされ、キリストを着、キリストの体である教会に加えられ、御子の霊を送られ、「アッバ、父よ」と叫ぶ礼拝に加えられています。これがイエス・キリストの十字架によって起きたことです。パウロが他の箇所で「自分の弱さを誇る」と語ったのも、「苦難を誇る」と語ったのも、キリストにあって新しく創造されたことからではないでしょうか。私たちの弱さの中に主の十字架が立ち、その主の十字架によって、世に対して死に、弱さに対しても死んで、自由な神の子として新しく創造されたからです。それが「主にある」ということです。苦難の中に主の十字架は立ち、苦難を与える世はわたしに対してはりつけにされ、私たちは神の子として新しく造り変えられました。それが「主にある」ということです。

パウロは「わたしには、わたしたちの主イエス・キリストの十字架のほかに、誇るものが決してあってはなりません」と語りました。「わたしには」というのは、他の人にはどうあれ、使徒であるわたしにはという風にも聞こえます。しかしその内容を考えると、キリスト者の正しい誇りが記されており、ただ使徒であるパウロだけでなく、どのキリスト者にも通用する信仰の理にかなったことが記されていると言うべきでしょう。

今朝は待降節第一主日の礼拝です。教会の一年の暦は、この日から始まります。私たちのために十字架にかかられるために主が来臨され、その主の十字架によって私たちが世に対して死に、また世が私たちに対して磔になります。そのようにして私たちは主にあって新しく創造された神の子の自由に生かされます。そのために、主は世に誕生されました。今日からのアドベントの日々、「キリスト者の誇り」を持ち、パウロが「わたしには」と言ったことに、「私たちにも」と答えて歩みたいと思います。「わたしには、わたしたちの主イエス・キリストの十字架のほかに、誇るものが決してあってはなりません」とパウロは記しました。「私にも」「私たちにも」そうでしょう。「わたしたちの主イエス・キリストの十字架のほかに、誇るものが決してあってはなりません」。私たちの誇りと栄光、信頼と歓喜、讃美と高揚は、ひたすら私たちの主イエス・キリストの十字架にあり、主の十字架のほかに決してないことを覚えたいと思います。

イエスの焼き印

これからは、だれもわたしを煩わさないでほしい。わたしは、イエスの焼き印を身に受けているのです。
兄弟たち、わたしたちの主イエス・キリストの恵みが、あなたがたの霊と共にあるように、アーメン。

六章一七—一八節

新しい年を迎えてはや一か月近くが経ちました。今年の出発は、北朝鮮の水爆実験や世界同時の株の落ち込み、それにテロリズムに、バスの転落事後が続きました。この先の一年間何が起きるか、誰にも見通せるものではないという思いが強くいたします。私たちの生活にとって直接の試練になることが起きるかもしれません。それでも二〇一六年は「主の恵みの年」であり、何が起きても、主の恵みの中を歩む年と言うことができるでしょうか。そうでなければならないでしょう。試練もまた主の恵みの内にあると、今朝の聖書は独特な表現で告げています。短い聖書の御言葉ですが、ガラテヤの信徒への手紙の最後の箇所から御言葉を聞きたいと思います。

ここに「イエスの焼き印」という興味深い言葉が記されています。「これからは、だれもわたしを煩わさないでほしい。わたしは、イエスの焼き印を身に受けているのです」とあります。ガラテヤの信徒への手紙はパウロが心痛の中で記した手紙です。ガラテヤの諸教会の中に福音に対する動揺が起きたからです。主イエスが私たちのために死んでくださり、十字架にかけられたままの主イエスが説教を通して目の前に描き出されたのに、その主の十字架の力を疑い、律法主義や割礼に頼る傾向、さらには信仰以前のもろもろの霊力に逆戻りする傾向が出現しました。それでは神の子の自由に生きることはできません。「これからは」とパウロは語っています。「これからは、だれもわたしを煩わさないでほしい」。この手紙をよく読んで、心に読み聞かせて福音のもとに立ち返ってほしい、それによってあなた方の迷いや疑いの問題は解決するはずだ、だから「これからは」と書いたのでしょう。これからは煩わさないでほしい、と。しかしパウロは平穏な生活を求めてそう書いたのではありません。彼にはなお果たさなければならない使徒としての使命がありました。使徒としての伝道の課題が眼前に洋々と広がっているのです。世界伝道はまだまだ道半ばです。そこでパウロの興味深い言葉が記されます。「わたしは、イエスの焼き印を身に受けているのです」。

「イエスの焼き印」は、イエスの「スティグマタ」という言葉です。この言葉は聖書の中でここだけに出てくる言葉です。スティグマタというギリシア語は、「刺青による印」や「物品の商標」を意味しました。製作者や店の名が記されることで、その品物の品質を証明しました。当時のヘレニズム世界には、自分が何者かを表現する印を刺青で身体につける習慣もあり、キリスト信徒のしるしとして洗礼を受けた後、十字架やキリストの頭文字Xをつけることもあったという説があります。しかしパウロがそうした印を身に着けていたとは思われません。それにこれは複数形です。パウロは複数の焼き印を身に受けていたわけです。そして「わたしは、イエスの焼き印を身に受けているのです」と訳されていますが、省かれている言葉があります。「なぜなら」という言葉です。つまり「だれもわたしを煩わさないでほしい」と語って、その理由として「イエスの（いくつもの）焼き印」を身体に帯びているのだからと言ったのです。つまり「イエスの焼き印」は、世界伝道に挺身するパウロの使徒としての使命と関係しているということでしょう。

パウロはキリスト、とくにその十字架による救いを語りながらユダヤ教徒たちから迫害を繰り返し受けてきました。コリントの信徒への手紙二に詳しく記されています。「ユダヤ人から四〇に一つ足りない鞭を受けたことが五度。鞭で打たれたことが三度、石を投げつけられたことが一度、難船したことが三度、一昼夜海上に漂ったこともありました」。「しばしば旅をし、川の難、盗賊の難、同胞からの難、異邦人からの難、町での難、荒れ野での難、海上の難、偽の兄弟たちからの難に遭い、苦労し、骨折って、しばしば眠らずに過ごし、飢え渇き、しばしば食べずにおり、寒さに凍え、裸でいたこともありました」（二コリ一一・二四以下）。ですから、パウロの身体には当然、さまざまな迫害や試練の中で身に受けたいくつもの傷跡があったに違いありません。それを指してパウロは「イエスの焼き印を身に受けている」と語ったのではないでしょうか。それはパウロが使徒である印、とりわけイエスの「十字架」を唯一の福音と語った使徒の印です。「十字架の福音」を語りさえしなかったら、そうした迫害は受けずに済んだのです。ですから「イエスの焼き印」という言葉は、そのように迫害を受け傷ついたパウロの傷跡ですが、そこには十字架の使徒として立てられたパウロの使命の実行の跡が現れているわけです。

そう理解しますと、この言葉はガラテヤの人たちには彼らが信仰に導かれた最初の経験を思い出させるものでもあったと思われます。ガラテヤ伝道はパウロの「体が弱くなったことがきっかけ」（四・一三）でした。ガラテヤの人たちはパウロの「身には試練ともなるようなことがあったのに、さげすんだり忌み嫌ったりせず、……キリスト・イエスでもあるかのように、受け入れてくれました」とあります。ただ病気になったというより、傷を受け、体が弱ったとも考えられます。それをキリストの使徒にはあるまじきことと考えた人たちもいたようです。しかしそうでなく、その迫害の傷跡の中に主イエスが受けた受難との深い繋がりを見て、その傷跡の中に主イエス御自身の十字架の傷と主の憐れみを見、主の愛といたわりを見ることができたのです。使徒の傷や痛みは、キリストとの深い絆を表し、キリストの痛みに対する証しでした。パウロが主イエス・キリストの救いを語る時に「主の十字架」を特別に語ったことが改めて思い起こされます。この手紙の一章四節、三章一節と一三節、五章一一節と二四節、そして六章一四節、パウロは何度も主の十字架を語ってきました。主のものとされ、主の十字架によって世に対しても、罪に対してもキリストと共に死んだと語りました。「主イエス・キリストの十字架のほかに、誇るものは何もない」とも語りました。その信仰で受けた迫害の傷跡が「イエスの焼き印」であるということは、その傷や痛みによって主イエスとの絆がいよいよ深められているということです。受けた傷によって使徒は主イエスの苦しみにあずかり、使徒の苦しみに主イエスがあずかってくださっています。それが「イエスの焼き印」です。

迫害の傷は苦難を受けた印です。使徒に限らず、試練に遭い、苦難を受けることは信仰者の誰にもあります。苦難を受けるような信仰は信頼できないと考えるでしょうか。聖書はそうでなく、苦難を受けることはキリストの苦しみにあずかること、十字架のキリストと深い結びつきの中におかれていることと言います。使徒であるパウロだけの話でなく、私たちの信仰生活のことでもあるでしょう。ここが重大な点です。聖餐式の中で陪餐後の祈りに「キリストの復活の力を知り、その苦しみにあずかり、折を得ても得なくても、御言葉を宣べ伝えることができますように」と祈ります。それは聖書に記されている言葉で祈っているのです。キリストの苦しみにあずかるという信仰生活のあり方は、ペトロの手紙一（四・一二）にも、またテモテへの手紙二（一・八、一二）にも記されています。使徒が受けた「イエスの焼き印」だけでなく、すべての信仰者がその信仰生活の中で、主イエス・キリストの証し人として「主の苦しみ」にあずかることができます。信仰生活を生きながら、身体が病むこともあるでしょう。信仰生活を生きながらであれば、キリストのものとされて病むのであり、痛むのです。それも「イエスの焼き印」と呼んでよいのではないでしょうか。信仰者として受ける試練、ストレス、そして病、それらの痛みは「キリストの苦しみ」にあずかっていることです。その苦しみの中で主イエスの十字架の恵みにあずかっています。そしてまた主イエスの恵みの勝利にあずかっていることでもあるでしょう。今年一年どういう試練があるかは分かりません。しかしどんな苦難を受けても、それは見捨てられることではなくて、主の十字架に一層強く結ばれ、救いの確信と喜びを深くする機会です。

ガラテヤの信徒への手紙の最後になりました。この手紙は「兄弟たちよ」という呼びかけで終わります。「兄弟たち、わたしたちの主イエス・キリストの恵みが、あなたがたの霊と共にあるように」とあります。文字通りに訳すと、ここは「わたしたちの主イエス・キリストの恵みが、あなたがたの霊と共にあるように、兄弟たちよ」という語順です。この手紙は、短い冒頭の挨拶の後、本文に入るや否やあなたがたには「あきれ果てています」と書き出されました。そして信仰を正すための激しい戦いの文章が記されました。しかしその手紙の最後は「兄弟たちよ」という呼びかけで結ばれました。主イエスの十字架の恵みを信じ、その恵みの勝利を確信した使徒の手紙の最後に相応しい結語ではないでしょうか。

そのあとに「アーメン」が続きます。ですから手紙の最後の言葉は「アーメン」ではないかと思うかもしれません。しかし「アーメン」はパウロ自身が記したのでない可能性が大きいのです。主の十字架の恵みが語られ、「その恵みがあなたたちの霊と共にあるように、兄弟たちよ」と言われれば、私たちも「アーメン」と言うでしょう。おそらく、このアーメンはこの手紙を読み、信仰に立ち返った会衆がアーメンと答えたのです。この手紙を礼拝で読み、それに生かされた世々の会衆の応答がここに加えられました。一番はじめにこの手紙を読んだガラテヤの人々が、その最初の応答者であったかもしれません。私たちも世々の会衆の列に加わり、使徒パウロが心血を注いで記し、伝えた主イエス・キリストの十字架の福音に対し、心から「アーメン」と応答したいと思います。そのとき、私たちも主イエスの力、世々の信仰者を支えてきた主イエスの十字架の力に生かされているでしょう。アーメン。

あとがき

神学の研究と教育に携わりながら、諸教会の礼拝と伝道に奉仕する、それを神の召しと受け取って、東京神学大学を定年退職した後、この数年間も歩んできました。本書は、その中で二〇一四年から二〇一六年一月にかけて行ったガラテヤの信徒への手紙の二二編の説教を収録したものです。日本基督教団銀座教会の協力牧師として毎月一度説教しました。長山信夫牧師（現在は安藤記念教会牧師）にお礼申し上げると共に、礼拝生活を一緒に歩んできた銀座教会の皆さんに感謝申し上げます。

二二編の説教はガラテヤの信徒への手紙の説教として、テキストの順に従ってなされました。全体が内容的に連続性をもっていることは当然です。しかしお読みいただいてお分かりいただけると思いますが、どの説教も単一の説教としての独立性を持つようになされてもいます。それは毎月一度の説教という事情からも来ていますが、主日礼拝の説教の使命からして、連続性の中にありながらも一回性をもって、その日限りの説教として、語り、聞かれる必要もあり、そのように準備されました。

それにしても本書は、語られた説教そのものではありません。説教のための準備原稿として手許に残ったものに、さらに多少の手を加えたものです。十分語り切れたかと自問しますと、そう言えないという思いの残る箇所も少なからずあります。しかし説教は常にそういうものとも言えるでしょう。将来、また新しく語り直すべき可能性を常に残します。福音は常に新しく説教されなければならないからです。

ここに収録された説教は、これまでと同様、「説教しながら神学し、神学しながら説教する」という姿勢で取り組んできたものです。もちろんその生き方を十分実践できたかと問えば、現実は欠けが多く、今回もまた説教の問題は常に説教者自身の信仰の問題であり、説教者自身の人間の問題でもあると思わされています。しかしそれにしても神のゆるしのあるかぎり、さらに暫くの間、この道を変わることなく前進したいと願っています。

出版にあたって原稿の段階で、妻に批評を求めました。会衆の一人として説教を聞きながら礼拝し続けてきた妻の疑問や求めに応えることで、この説教集がさらに理解しやすい表現を取れたことを感謝しています。

今回も教文館出版部のお世話になりました。渡部満社長と髙木誠一さん、そして今回特にお世話になった出版部の福永花菜さんに、心からのお礼を申し上げます。

二〇一七年七月二五日

《著者紹介》
近藤勝彦（こんどう・かつひこ）
1943年東京に生まれる。東京大学文学部卒業、東京神学大学大学院修士課程修了、チュービンゲン大学に学ぶ（神学博士）。東京神学大学教授、学長を経て、現在は同大学名誉教授。日本基督教団銀座教会協力牧師。

著書　『癒しと信仰』（1997年）、『クリスマスのメッセージ』（1999年）、『窮地に生きた信仰』（2002年）、『しかし、勇気を出しなさい』（2004年）、『万物の救済』（2009年）、『二十世紀の主要な神学者たち』『確かな救い』（2011年）、『贖罪論とその周辺』『人を生かす神の息』（2014年）、『いま、震災・原発・憲法を考える』（2015年）、『救済史と終末論』『キリスト教弁証学』（2016年）ほか多数（いずれも教文館）。

十字架のキリスト以外に福音はない──ガラテヤの信徒への手紙による説教

2017年11月30日　初版発行

著　者　近藤勝彦
発行者　渡部　満
発行所　株式会社　教文館
〒104-0061 東京都中央区銀座4-5-1 電話 03(3561)5549 FAX 03(5250)5107
URL　http://www.kyobunkwan.co.jp/publishing/
印刷所　モリモト印刷株式会社

配給元　日キ販　〒162-0814　東京都新宿区新小川町9-1
電話 03(3260)5670　FAX 03(3260)5637

ISBN 978-4-7642-6461-8　Printed in Japan